社會人文 | GB305

後退，原來是向前

周錫瑋的人生後手學

周錫瑋——口述
王　蓉——採訪整理

目錄

PART 3 我讓這個城市……

PART 4 我的政治後手學……

採訪後記

推薦序

為後人點燈

中華民國副總統　蕭萬長

二〇〇九年我生了場病，復原期間常到台北縣周遭爬山，呼吸新鮮空氣。走在台北縣平溪、雙溪的低碳旅遊路線上，發現這幾條步道規劃得非常好，設想周到，漫步其間欣賞自然美景，更是打從心底感動。看了周錫瑋縣長的新書《後退，原來是向前》，才知道他在丹麥的氣候變遷會議上大力向國際領袖們推廣的，正是低碳旅遊的新概念。

周縣長做了許多地方首長做不到的事，像是整治污水下水道，這種基礎建設選民眼睛看不到，也吃力不討好，周縣長卻堅持要做，台北縣民因此減少水患之苦。不僅如此，環境上，周縣長嚴格取締非法砂石廠、整治污水排放，使得淡水河從重度污染變成輕度污染；他重視整潔、環保、推動教育平權及試辦英語活化教育，這些都是冠於全國的施政。周縣長堅持做對的事，勇於擇善固執，令人欽佩。他發揮「前人種樹、後人乘涼」的精神，讓台北縣在良好基礎上升格成為新北市。

周縣長雖是政治人物，卻有藝術家的才華與宗教家的胸懷，他發現許多弱勢家庭，礙於法令，無法補助，於是實踐星雲大師的「四給」精神——給人歡喜、給人希望、給人信心、給人方便，義賣自己畫作，挹注公益經費。放眼政壇，如此有才華、浪漫又認真的人物，真是少見。

在新書當中，讀者可以看到他從小到大的心路歷程，從籃球國手、到美國半工半讀的留學生，以及外商公關公司的經理，他都能從不同角色中學習到重要的人生課程。加入政壇後，從省議員、立委，做到台北縣長，面對挫折、打擊，還是能迅速站穩腳步，一次又一次的貫徹夢想。

我要趁著這個機會謝謝周縣長為政壇做出了良好的示範，不但為後人點燈，也願意捨己為人。當然，希望周縣長卸下職務之後，無論身在何方，都要繼續貢獻所長，多做一些讓自己感動，也讓社會感動的事。

推薦序

從容邁向後半段人生

余紀忠文教基金會董事長　余範英

與錫瑋認識的時間不長，初識於時報文教基金會二〇〇七年在《中國時報》大樓舉辦的「大河論壇」，高高帥帥的周縣長白襯衫牛仔褲被戲謔「上山打老虎」回來，那時他當選之初，懷有治水大夢，難掩幾分陌生，白皮書尚未寫就，縣府財政又拮据。年輕的周縣長立志為北縣築大河之夢，「不只要防洪治水，還要永續治水」他說：「我有個大河之夢，所以找水利專家李鴻源當副縣長。我不認為治水很難，相信事在人為。」備受輿論質疑壓力，相信他的人寥寥可數。

短短兩個月後，北縣團隊整合縣內河川流域、區域排水系統、城鄉規劃提出「北縣治水白皮書綱要」，周縣長立即強調要邀請社區參與在淡水河系建置三百公頃的人工濕地，以預計花費十九億元，生態、環保，並與都市環境結合的永續方式創造出新的典型。當時他就說：「河邊非法的排放工廠、河岸砂石廠，該拆的，絕不會手軟。」做得罪人的事，打真老虎！

相識後，我們繼續修訂白皮書、開研討會，縣府次第推出綜合計畫治水、攸關河川水質淨化的下水道普及率、污水用戶接管率及人工濕地礫間處理、清潔生產的輔導規畫、中港大排、生態廊道的規劃等，一再邀請社團參與對話；達成淡水河水質三十年來僅見的傲人成績。

二〇〇八年十一月，基金會舉辦「氣候變遷——台灣準備」研討會，強調這嚴肅的課題在中央政府方面除分工要更細密外，跨部會整合亦有必要，地方執行更是能否落實的關鍵。周縣長三年已交出顯著的成績，他表示「中央與地方的對話、協調、合作，已是治水不可或缺的關鍵」。

八八水災發生，錫璋應基金會之邀在短時間內即組成任務編組，動員所有局處長赴屏東林邊、佳冬、來義鄉，參與救災。在距北縣三百公里的國境之南，化焦慮為積極參與，提供救助與分享經驗，二度南下的人員與裝備是支撐了災區的即時救援。

縣府同仁在與周縣長同行的這段路，連續四年榮獲河川整治特優，打拚的伙伴不再認為他異想天開，由開始的質疑到感佩。錫璋是我見過最具真性情、有傻勁的從政年輕朋友；他突破窠臼，劍及履及的做了許多沒有掌聲的工作，「聰明人」是不碰這些事的。為設定的藍圖下決心，跨出的一步是需要無私無懼的勇氣。

錫璋宣布不參選新北市長，仍繼續面對污染源充斥堆積的淡水河正面交鋒，由滔滔不絕誇言整治河川到凝聚產官學。我亦應邀加入北縣永續小組，見錫瑋不因莫名的施政排名不佳而氣餒，仍持續做他應該做的事。熟練的他仍是滔滔不絕鉅細靡遺，舉一反三、創意連連，甚至能結合國際先進，構思做出符合本土的前瞻規劃，他所鼓吹的向上城市不再是個遙遠的夢。

帶領團隊宣示提升下水道接管普及率至百分之三十九，將十五座截流站全面啟動，完成三百公頃人工濕地處理三十萬噸生活污水，更努力於全面杜絕污染源，貫徹淡水河朝輕度污染的決心。見他帶動基層結合地方父老與社區營造，坪林雙溪低碳城市生活旅遊，與縣府團隊多管齊下，突破現有沉疴，為台灣在關鍵時刻跨出，走向一個不同的未來，令小組成員對他不得不折服。

基金會推動「大河論壇」廿年，至今雖見人人心中有河，然整治河川的成績仍不彰顯，在大部分的政治人物心中並無多大迴響。錫瑋的決心與魄力，以及他五年主政所做的吃力不討好的建設成果，更令我偏愛、疼惜這勇往直前的赤子之心。

錫瑋的文章一如其人，積極正面。書中他成長的過程是極順遂的，父嚴母慈、眷村長大的孩子平易近人，沒加入幫派，想必是父親管教甚嚴。小小的叛逆竟只是留長髮穿喇叭褲，生活紀律自小磨就，成了他自律修練的基礎。

非傳記式的周錫瑋前傳，是錫瑋的半生自述，百般艱辛追求理想的寫實紀錄，在當今政治生態缺乏奧援下，帶領行政團隊奮力不懈，僅僅五年光景即交出一張漂亮的成績單。無奈專心地方建設，疏於政治周旋，未能見重於當朝。處於熙熙攘攘的功利社會，明哲保身的官場文化中，我為錫瑋的後退深感遺憾，更為今日為政人才與地方父老子民的損失扼腕。

近年來，台灣選戰頻繁，候選人經常有人幫忙捉刀，出書闡述理念，標榜與介紹自我。但周錫瑋的《後退，原來是向前》卻是政壇少見，將個人追求造福人群的自我期許，與同儕相互勉勵的點點滴滴，累積的經驗化在字裡行間，留給後進堅實的施政基礎，更是他從容邁向後半段人生的開始。

推薦序

我對周縣長的觀察報告

作家、節目主持人　蔡詩萍

錄完「向上的城市」最後一集，周錫瑋縣長起身，我們相互握手、擁抱，然後互道珍重。隨即他便離開攝影棚，繼續跑他縣長一日的行程。

當時，離他卸任縣長的時程也不過兩個多月了。但看起來，他還是很忙碌，一邊忙著替朱立倫助選，一邊還得兼顧縣政工作，要對即將升格為新北市的台北縣，守好這一任縣長該盡的本分。

等我要離開攝影棚時，工作同仁跟我認真的說：「你跟縣長擁抱說珍重時，我們還以為你們兩個都會掉淚呢！」

我笑著說：「也差不多了，眼眶濕濕的。」

周縣長無疑是性情中人，我呢，徹頭徹尾雙魚座，要不感性，也難。不過，我們在那一瞬間，還是忍住了。倒也不是什麼「男兒有淚不輕彈」那類老掉牙的男性意識作崇，而是，經過了兩季的節目錄製，我想我跟周縣長心底都有共識：來日方長！後退，有時候真是往前跳躍的準備。人生，放長來看，誰知道會怎樣呢！

我喜歡這句「放長來看」。很適合用來評估周錫瑋擔任縣長這五年，他經歷的起伏。任誰都可看出，從擊敗民進黨參選人羅文嘉，到擔任縣長之初，周錫瑋確實被深深期待著，而他的架式，亦非常具有藍軍「明日之星」的耀眼特色。民代時期的問政風采、個人外型與知識的內外兼具、與媒體的良好互動等等，再加上，替藍軍攻下失守十六年的全台最大縣，是何等之風光，又是何等之深受寄望！

但，竟然，隨著民調與施政滿意度的冷酷數字逐年出爐，周錫瑋竟與「木段班縣長」掛上等號。這對一位自視甚高，同時也自我要求甚嚴的「明日之星」來說，是何其殘酷的打擊啊！

不少次，我遠遠望著周錫瑋縣長的身影時，不禁要想：到底發生什麼事了？他心底在想什麼啊？

台北縣政府跟TVBS合作「向上的城市」時，找上我主持，我說不會一面倒的宣傳吧？工作人員說絕不會。

於是，我有了很多深入接觸縣府局處首長與基層公務員的機會，看了很多書面的資料，饒有意義的是，周錫瑋縣長更希望我到「現場」，親身體驗「田野調查式」的感受，然後由我自己決定在節目中訪談貴賓的立場與態度。

很辛苦啊，我必須說，以一個本來角色可以很單純的純主持人來講。

於是，我去了坪林、八里、金山，連看好幾所原本有可能面臨裁校、併校危機的小學，卻在周縣長堅持下，變身為「英速魔法學院」的奇妙際遇。

於是，我去了新店「陽光運動公園」，在露天訪談之前，自己輕鬆走了一趟，又再找一個晴朗的傍晚，帶女兒去玩了一趟。所以，訪談當天，與周縣長和幾位來賓，置身於清風拂面的公園露天場景時，我心裡是非常愉悅的，那裡曾經是前任好幾位縣長都動不了、解決不了的「城市發展之瘤」：河濱砂石場、修車廠、廢棄物堆置場，但周錫瑋縣長硬是把它蛻變成一座朗朗明亮的運動公園。

於是，我也去了板橋華江橋下的河灘濕地。周縣長帶著我，步過雨後濕漉漉的河灘泥路，非常熟練的對我解說，他如何希望透過環保式的概念，透過自然的手法，靠樹木、石礫等層層堆積、環環相扣的系統循環觀念，讓城市下水道的污水，能夠在流入淡水河之前，先行稀釋化，不製造淡水河的污染。而且，他更如同一個孩子般的興奮，細細地對我說出每一種原本減少的鳥類，如今又回到濕地、回到河濱的名單。

當然，曾經年少時不免也與女友去「拍拖」的碧潭，更在周縣長的邀約下，我徹頭徹尾走了一趟。那是一個平日的下午與傍晚，沒想到散步、休閒、喝咖啡、泡茶的人群已然驚人。周縣長得意的對我說：「週休二日來，你才嚇一跳呢！」說著說著，他向前跑幾步，彎腰撿起一塊紙團，投向路邊漂亮的垃圾桶。他說他很相信「破窗理論」，你若讓遊客感覺這裡髒，遊客就不會自重。所以，他要求這些熱門旅遊點，垃圾桶一定要多而亮眼；清潔人員要定時、嚴格的按規定清理。最重要的，是讓遊客真心喜歡這裡，所以，一草一木，他都在意。「詩萍，你不會想到連碧潭路邊花圃的花草，我都管吧！」望著他迎向遊客問好的背影，那一瞬間，我想任何人都可能跟我一樣，心想：那你堂堂一位縣長，也管得太細了吧！

可是，當我在夕陽西下的光影中，回望一片片迎風舞動的花圃時，卻突然能領會周錫瑋縣長的用心。這不單單是一位喜愛繪畫之縣長的「美的孤僻」，甚且是一位首長的領導哲學示範：縣長都那麼斤斤計較一株一草的存在價值了，工作人員還敢怠慢輕侮嗎？

我必須承認，兩季的節目做下來，我對台北縣「向上的努力」，扎扎實實有了一些了解，但對周縣長何以做了這麼多事，卻無法在民調與滿意度上有所回報，的確找不到答案。這或許，也是周縣長傾長、挺拔的身軀，在媒體譏刺、民調數字潑冷水之下，一直顯出「唐吉訶德式」孤獨感的緣由吧！

周縣長毅然決然退出連任之爭，公開宣布退出後不接受任何安排。但他只有一個條件，堅持做到任期最後一天。媒體上報導他的決定時，我突然領悟到周錫瑋性格上的一個特色：他寧可被擊倒，心底也絕不服輸。

唯有這層理解，才會明白他何以對自己為台北縣所做的規劃，充滿了自信。因為他相信自己堅持的國際化、環保生態化、美學化等等價值，是這座城市升格為直轄市之後，非走不可的路。他可以下台一鞠躬，然而，他上台時，所付出的心力，必將成為這座城市未來迎風而展的基礎工程。

也許，不需要以後縣民對他感懷，現在我就聽到不少人跟我說：「太可惜了，周錫瑋做了那麼多事！」碰到這些人，我都會跟他們說：「對呀，尤其他做的又都是『對的事』」！

前言

「大智若愚」還是「大愚若智」？

二〇一〇年，是我邁入政治生涯第十七年。

十七年說長不長，政壇裡有許多遠比我更資深的前輩，但十七年，也足以讓個初生嬰孩長大成人。

在這十七年當中，很多人說我周錫瑋是個好人，也有些人說我是「吊車尾」，施政滿意度全國最差、是「最小尾」縣長。還有很多名嘴說，五年下來，不知道我有什麼政績。

奇特的是，從二〇一〇年二月二十二日起，這些評語忽然一百八十度逆轉，許多人開始說我的好話，媒體突然「發現」我做了很多事情，肯定我推動台北縣升格為新北市，不僅環境乾淨、漂亮，平均房價也提高了，甚至連對手黨派都拿我的「污水下水道接管率」大打選戰。

這些戲劇性的轉變，只因為我在當天宣布退出首任新北市市長選舉，而且未來不入府、不入閣、不接掌酬庸性質的國營企業，徹底「裸退」。

前一天還是個做什麼都得不到選民認同的「最小尾」縣長，相隔一天，卻成為眾人肯定的對象。看著截然不同的評論，相信一定不少人搞不清楚我到底是聰明？還是愚蠢？是大智若愚？還是大愚若智？

我當然知道「人之將死，其言也善」，外界、尤其政治圈的言論解讀起來都很複雜，會根據不同動機做出不同評價，但我知道自己從就職第一天到最後一天，始終堅持做好該做的事情。

在台灣，從政像蓋樣品屋，政治人物像售屋人員，甜言蜜語編織各種美好的未來，等選舉結束之後，選民會發現樣品屋空有華麗美觀的外表，交屋時看起來都很好，實際入住，才發現自來水還沒接管、電力系統出問題；空有豪華的馬桶，卻沒接上污水管線，臭不堪聞。但已經買單了，只好忍耐，於是選民想著，下一回一定找個好一點的建商，換個更好的房子。

剛上任的時候，也有不少人跟我說，蓋個華麗的樣品屋就好，看不到的地方不必花工夫，反正，沒選票！

我相信，政治不是兜售夢想，政治是讓我有機會做想做的事情，我希望每個人都能在適宜居住的地方生活，而不是忍耐著、苦惱著、捏著鼻子過活。台北縣民都是我的家人，不是二等公民，也不能當二等公民，蓋房子給家人住，當然要用心，就算不受讚賞，該做的基礎工程都要做，不能偷懶、不能打混。

更多關心我的朋友苦勸，別拆防火巷違建，會得罪選民；別拆砂石場，會得罪地方人士！我還是說：「該做的，還是要做。」如果選民不青睞，那我承擔後果，這是政壇上的擔當。

因此，當局勢不利，我負起責任，退出選戰。本來以為會有濃厚的失落感，沒想到放開手，反而看到更海闊天空的未來。不禁想起布袋和尚的智慧：「手把青秧插滿田，低頭便見水中天，心地清淨方為道，退步原來是向前。」

有時，退一步，能換來更廣闊的天地。一念一善，讓我從容自政治舞台謝幕，全心投入未來的志業。

日後，各位有很多時間可以細細檢驗我這個末代台北縣縣長在施政以及其他政策上，到底是對是錯？是傻瓜還是聰明？也可以思考一下，「政治」對於社會的價值，到底是該帶大家向上提升，還是隨波逐流？我，已經有了答案。至於歷史評價，就交給各位定奪了。

PART 1

政治外的世界，我……

★周錫瑋有顆赤子之心，私底下活潑逗趣，和友人比賽鬥雞眼，樂開懷。

奇蹟早產兒

每逢選舉，都有人攻擊我家境優渥，從小含金湯匙出生，坐黑頭車，這些惡意傳言挺荒謬，因為剛出生時，我是個幾乎活不下來的早產兒。能存活，就是奇蹟。

我跟雙胞胎哥哥錫珽出生在彰化，那年是狗年，家裡一下多了兩隻小狗，父親母親非但沒有「喜」獲麟兒，反而憂心無比。因為我、還有比我早一分鐘出生的哥哥，才七個月大就急著出來看世界。

母親說，其他小孩一出生就有六、七磅，三千公克左右，但我跟哥哥兩人加起來才七磅，一人只有一千公克出頭，小得可以放在鞋子裡，讓人一看就心疼。

依照現在的早產兒分類，兩千五百公克以下已經是低體重，一千五百公克以下是極低體重，以目前的醫療水準，極低體重嬰兒只有三分之一能存活，何況早在民國四十七年，因此醫生看了看我們，告訴媽媽：「可能活不了。」隨即我們就住進了氧氣缸。

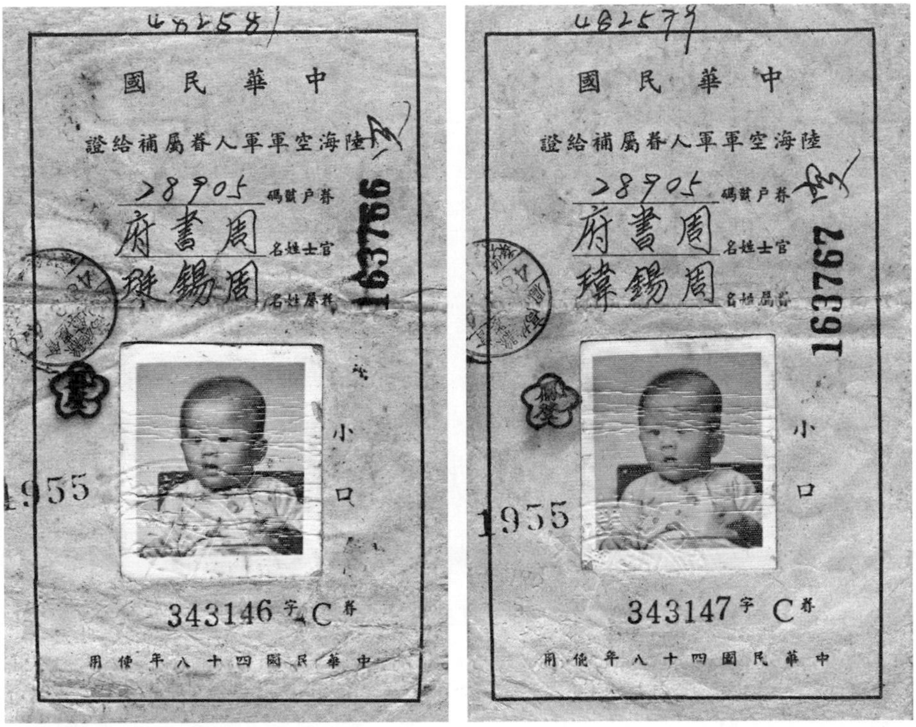

★ 周錫瑋（右）和雙胞胎哥哥周錫斑（左）從小就長得一模一樣，直到現在，還是常常搞不清楚誰是誰。

當時還沒有新生兒保溫箱，氧氣缸就一個灌了氧氣的箱子，可以想像媽媽當時的心情，而且她還必須獨自面對這一切，因為爸爸是職業軍人，我們出生時，他在外地駐防，不能回家幫忙。那時我的大哥也才兩歲多，母親月子期間要照顧大哥，還要堅強的看顧我跟哥哥這兩個巴掌大的小孩，累到數度昏厥。

我問她：「昏了過去，怎麼辦？」她說：「能怎麼辦？就等清醒。」醒了之後繼續照顧三個孩子。

我們剛出生時，外型很嚇人，皮膚薄，肚子幾乎透明。爸媽的朋友們來探視，都倒吸一口氣、默不作聲，不敢相信眼前景象。

我們皮膚薄到可以清晰看見身上的血管、內臟活動的狀況，沒人見過這麼小的嬰兒，每個人看了，都覺得很不樂觀，沒人敢說我們一定可以存活，也不知道該怎麼說好聽的話。

更雪上加霜的是，我們出生太早，還不會吸吮，根本沒辦法餵奶。母親擠出母奶，一滴一滴的餵進我們小小的口腔，餵完哥哥後餵我，餵完我，又該餵哥哥了，費心費力、花了很多時間才餵下幾cc，非常辛苦。

媽媽還隨時擔心我們忘了呼吸，動不動要探探口鼻，還要定時幫我們調整小腦袋瓜，因為我跟哥哥連骨頭都還沒發育完全，頭骨極軟，躺個十多分鐘，接觸床面的頭骨立刻往下凹，她必須捧著我們的頭轉個方向，原本平坦的後腦勺慢慢恢復形狀，過一陣子另一邊又凹了，再換一面。但這些努力顯然白費工夫，因為我還是個大扁頭。

我們出生在初春三月天，氣溫很低，早產造成皮膚太嫩、太薄，穿上衣服也不能保暖，母親得用體溫輪流暖和我和哥哥，於是她也不能穿厚衣，衣著單薄的把我們輪流貼著身體抱著，常常抱著抱著就昏死過去。長期過度辛勞又缺乏幫手，她瘦成了皮包骨。就這樣，慢慢養大了我們。

★ 周家三兄弟（後排）和親戚的合照。猜猜哪個是周錫瑋？

當然，這些辛苦都是母親後來像說故事一樣說給我們聽的，我沒什麼印象。

等自己也為人父之後，看著眼前健壯的孩子，想像一九五八年，我跟哥哥剛剛出生的樣子。能讓體重才一千公克、小貓似的兩個孩子，長大到一百八十五公分高，除了上天的眷顧，更感謝母親的辛勞。

……和小豬搶奶喝

我出生時，我們住在彰化名叫太極新村的眷村裡，這裡是國內所有眷改計畫最後一個完成改建的眷村。當然，五十多年前我住在那裡時，只有平房、竹籬笆，家家雞犬相聞。

那個年代每個人都窮，尤其軍人薪餉很少，什麼都要靠國家配給。爸媽結婚時，家徒四壁，屋裡連張桌子都沒有，就放兩張椅子，睡覺則用門板當床，過起日子。

爸媽的相遇也頗為傳奇，爸爸比媽媽大十歲，爸爸的身高一百七十八公分，媽媽一百六十八公分高。媽媽長得非常漂亮，套句現在的說法，有名模般的身材與容貌。

爸媽都是江蘇阜寧人，在家鄉並不認識。一九四九年，國民黨退守台灣，媽媽跟著難民潮逃難出來，全家上下，只有她一人隨舅舅到了台灣。但舅舅也沒錢供她讀書，只能留在舅舅家裡幫忙家務。

★ 小時候住在改建後的眷村，媽媽抱著周錫瑋和二哥，站在前方的是大哥。

到台灣之後，因緣際會遇到爸爸，爸爸一聽媽媽的揚州話，特別親切。但當時媽媽的娘家人看不起爸爸，覺得他只是個「小當兵的」，沒什麼大氣、不會有出息，不贊成他們交往。

可是媽媽很渴望能夠有自己的家，在爸爸狂熱的追求下，便點頭答應嫁給他。媽媽嫁給爸爸之後，在鳳山生活了一陣子，當然過得很辛苦，但媽媽始終認為「沒什麼大不了的」，因為大家都苦。爸爸跟著部隊在全省調動，她也跟著四處遷徙，從不抱怨。

生孩子後，家裡更窮了，單靠爸爸一個人的軍餉要養活一家五口，包括兩個早產兒，日子當然不好過。

於是媽媽在院子裡種菜、種水果，我們最常吃番茄和黃瓜，院子裡摘了就有。後來養了雞、鴨、鵝、豬，逢年過節可以賣出，貼補家用。我印象中，幾乎所有小孩都討厭鵝，牠是小孩的天敵，動不動就張嘴咬人一口，追著我們滿地跑。

在彰化的日常生活中，令我印象最深刻是鬼火與木瓜。

太極新村的地理環境很特殊，緊捱著山腳，過去還有人傳說那裡有日軍留下的神祕地道、埋了不少黃金。但我只記得山上有墳場，晚上還可以看到鬼火。

小孩對鬼火的好奇多過害怕，因為什麼都不懂。但媽媽一個年輕女性帶著三個小孩在這樣的環境下過日子，生活壓力大，心理壓力更大。

★ 周錫瑋一家五口早年在彰化眷村的合照，當時生活雖窮困，心靈卻富足。

很多新手父母都說，第一個孩子照書養，第二個照豬養。這話一點也不誇張，我們家三兄弟還真曾經「照豬養」。那時候國家配給美援奶粉，有些運來台灣已經過期好幾年，不能給人吃了，就發給軍眷們自行處理。

當時家裡有隻母豬生了一窩小豬仔，豬媽媽沒有泌乳，小豬總不能餓死，媽媽便要來一些過期奶粉在鍋裡煮成奶、餵小豬吃，我們三兄弟在旁邊聞著好香啊！硬要搶著喝。

媽媽當然不肯，說喝了會拉肚子，我們也不管，說來奇怪，奶粉雖然過期了，但那味道真是又香又甜。到現在想起來，舌尖彷彿還留著那股特殊的香甜，回味無窮。

也許是曾共喝一鍋奶，小豬對我們特別親，還會認人，整天跟著我到處跑。

記得有一天晚上，豬叫得很兇，特別可怕，後來才知道，隔天牠就要被送去屠宰。萬物有情，牠彷彿知道命運即將走到終點，徹夜躁動不休。我們在床上聽牠哀鳴，心裡也不好受。

我現在留存最早的記憶，是大約四歲左右，在彰化的院子裡。那天午覺睡醒之後，在後院傻傻坐著，自家院子裡長的木瓜樹結實纍纍，媽媽看哪個熟了，摘了下來剖半，拿支小湯匙一口一口餵我們吃。那天的太陽特別大、木瓜吃起來特別甜，懵懂記憶中，難忘的下午。

有這樣一個生意盎然的院子，即使窮困的軍人家庭，也感覺很富足。

後來媽媽考慮到鄉間生活跟都市還是不同，為了讓孩子有更寬廣的視野，希望爸爸調動到北部，於是我們搬到了台北、在大直租屋，後來搬進眷村，接著陸陸續續住過板橋等地。

想起彰化，還是帶點甜甜的滋味。

……做個好漢子

父親周書府於民國十二年出生，是黃埔陸軍軍官學校畢業生，當了一輩子軍人，非常嚴肅、講究紀律，對我的影響很大。

爸爸律己甚嚴，是我們家裡紀律執行者，生活中的大小事，他都訂下規矩，嚴格要求我們一定要遵守。媽媽是個一百分的慈母，認為父親可以當嚴父、但不能打孩子，凡事都要理性溝通。

我小時候，眷村裡經常體罰孩子，但在媽媽的要求下，爸爸從不打我們，唯有一次破例。

那時我們住在四四西村，也就是後來的台北市國父紀念館附近，當年只有靶場跟聯勤四四兵工廠，所以四周的村子就叫做四四西村、四四南村、四四東村，唯獨缺少四四北村，我猜，可能是怕「敗北」的諧音。

那次父親開打，是因為我們三兄弟犯了全天下小男生都想犯的錯，就是在大熱天跳到水塘裡游泳。這對父母來說太危險了，稍有不慎就會溺水，難怪爸爸要狠狠的修理我們一頓。那次挨打經驗，至今難忘。

傳言中，從小有司機開著黑頭車送我上學，那太離譜了。爸爸一直是個小小的尉官，後來才升上少校、中校、上校，退伍時只是個上校。軍旅生涯中，他幾乎都不在家裡，跟著部隊全省移防，他人不在，家規卻照樣執行，像他規定我們三個男生每天早上六點就要起床，沒做到他的要求，他就會嚴厲斥責。

爸爸格外重視生活細節，他一回家，我們要拿脱鞋請他換上、泡茶奉上，到他面前問他，有沒有什麼事情要交代。吃飯時一定要安靜的等他入座，他坐定後，全家才能開動，而且用餐時不能交談。

從高中起，幫爸爸洗車、打蠟是我的責任。父親經常凌晨五點半出門，我也得提早在五點起床，低溫中洗車、打蠟、熱車，然後送他出門，確實很苦。

大四那年，爸爸當選立委，任內也不請司機，每天還是由我來幫他洗車，直到出國為止。每當我聽到選舉流言，說周錫瑋含金湯匙出身，從小有黑頭車接送，就覺得好笑。黑頭車是沒有，洗車倒是真的。

父親的身教

爸爸很有權威、卻不受傳統「君子遠庖廚」觀念限制，他喜歡做菜，用現在的說法，做菜是父親享受生活的方式。

即使立委任內，他只要有空，幾乎每天親自買菜、親自下廚。父親覺得南門市場的菜處理得很細緻，經常穿著西裝、打著領帶，親自到南門市場採買。菜市場裡的老闆、客人看到立委來買菜，也都喜歡跟他聊天。

父親的拿手菜很多，尤其他的獅子頭特別嫩、特別香，是道簡單卻深奧的料理。原料只有絞肉、水、太白粉，以及一點蔥薑，堅持不加其他配料，因為加了就破壞原味與嫩度，什麼都不加，又要保持嫩度，很不容易，祕訣在水、太白粉調成粉漿的比例。

這道菜我學過，沒爸爸做得好，結果竟然是婚前從來不懂做菜的太太，獲得爸爸的真傳。

父親對我的影響是一輩子的。他很重朋友，也許因為是外省人，到了這個陌生的土地上，任何事情都要靠朋友幫忙，因此，特別敬重朋友。

父親一輩子朋友無數，其中有位住在土城的老友曹文繡，他和爸爸相交數十年，也是我的義父。妙的是，爸爸跟義父從認識的第一天起，根本語言不通。爸爸講了一口揚州腔國語（儘管他自認國語很標準）、義父講台語，我看過他們聊天，兩人都似懂非懂，卻聊得很起勁，氣氛非常熱烈。我曾經問爸爸，到底懂不懂義父講些什麼，爸爸說，當然是聽不懂，但能猜到意思。

義父與爸爸非常投緣，他是土城的鄉紳耆老、意見領袖，每次爸爸參選，他都大力支持，不只幫忙拉票，還賣田地籌措競選經費，他說：「選舉怎麼可以不花錢？周書府沒錢，我有！」二話不說就出錢出力。我競選時，也邀請義父擔任主任委員，兩代交情至今熱烈。

當年我首度當選省議員，父親一直叮嚀我，要好好感謝一路上相挺的朋友，因為大家非親非故，能夠在自己最需要協助的時候提供協助，這份恩情一定要用心回報。這是我從父親身上學到的人生智慧。

父親在我當選縣長之前過世，他生前不看好我選縣長，因為台北縣的政治版圖向來是綠大於藍。當選之後，我牢記他的教誨，他要我早起、要我堅強，要我不怕難、不怕苦，這些叮嚀，都成了我在縣長任內受用不盡的原則。

鍛練意志力

旁人可能無法想像一年三百六十五天，每天早上五點起床運動的生活作息，但我擔任縣長開始，就要求自己必須如此，也從不懈怠。

當磨練多了，自然成為習慣。雖然辛苦，但過程中我從不問「還能堅持下去嗎？」「要放棄嗎？」每天都要早起、運動、做早課、讀英文，當成例行公事，不管再累，都不破例，這是原則問題。

每天早起運動的好處無窮，訓練肌肉，對畫畫、質詢都有幫助。尤其創作大型作品時，需要足夠的體力才能畫出氣勢，有時一次要站四、五個小時，如果體力不好，注意力不集中，根本無法專心。

在議場接受議員質詢，也慶幸自己有運動習慣，不然一整天站下來，鐵定腰痠背痛、四肢無力。有時議員請我坐下休息，我還是堅持站著備詢，尊重議員，也尊重民主制度。

任何創作、工作都需要持續性，最忌諱中途說「今天休息一下好了」，行百里路半九十，這會毀了前面的努力。

以繪畫而言，一幅畫的構圖、用色、結構，都需要專注的用心經營，懈怠不得。當我開始畫畫，就很有紀律的按照計畫進行，不論遇到多大的壓力或挫折，都不停筆。

從小，我就不愛訴苦，爸爸教我們男孩子要自己承擔責任，不能訴苦、更不能找別人來分擔自己應該背負的擔子。如果闖禍了，也要自己善後，不能靠旁人搭救。

記得小時候跌倒了，或是失意時，委屈得放聲大哭，大哥就會說：「吵什麼吵！誰不會受傷？誰不會摔跤？這點傷算什麼！」

罵的我啞口無言，誰教我是生在我們家的男人，自己跌倒，就自己爬起來吧！所以再苦再累，我都不訴苦，也不依賴旁人。在美國留學期間，打電話回家，也都是報喜不報憂，那些不好的、辛苦的事，都自己吞進肚子。畢竟已經是成家立業的大人了，不好讓父母操心。

而我之所以長年維持運動習慣，每天抽空進行重量訓練，哪怕只有三分鐘，都要舉舉擺放在辦公室的啞鈴，除了維持體能，也在訓練自己的意志力。

我覺得意志力就像是心靈的肌肉，經過鍛鍊，心靈也能變得強韌，能夠抵擋軟弱。有了堅強的意志力，才能天天早起，不受瞌睡蟲誘惑，不受懶惰蟲勾引，每天篤定在五點起床、運動、做早課，訓練二頭肌、三頭肌、腹肌，也在訓練「心靈的肌肉」，讓意志力堅強，才能保持希望，相信自己的目標就在前方，不會有一秒鐘的鬆懈。

我也很想讓孩子接受同樣的訓練，但發現行不通。

我們可以培養孩子的創造力，卻無法培養意志力，因為一定要面臨挫折打擊、在高度壓力之下愈挫愈勇，才能激發意志力，無法透過旁人傳授。就算有一百種方法培養意志力，但只要偷懶，還是能找出一百零一種藉口放棄。

唯有自己痛下決心、打死不退，才會讓意志力愈來愈堅強、愈來愈專注。

★ 多年來，周錫瑋養成每天運動的習慣，除了訓練肌肉，更在磨鍊意志。

弱雞變籃球健將

我從小身體很差，非常瘦弱，走路走著就腿軟、動輒跪倒地上。儘管國一時身高就有一百七十五公分，體重卻只有五十公斤左右。爸爸是職業軍人，看到我這樣弱不禁風的體格，猛搖頭。後來，陽明國中看上我和哥哥的身高，想培養我們成為籃球校隊。

一開始，爸爸不答應，他認為當運動員將來沒出路，用功讀書比較重要。但媽媽認為我們兄弟倆的體能實在太差，活像兩根瘦長的竹竿，於是說服爸爸，讓我們加入籃球校隊。

集訓的苦是言語無法形容的。當時學校也窮，借了社子國小的教室當球員宿舍。但教室裡面沒有床、沒有餐桌，也沒有浴室，每天我們將課桌併成一張床的大小，躺上就睡，洗澡則找個水龍頭，開了就洗，熱天、冷天都是冷水澡，苦不堪言。當時我才國

★剛升上國中的周錫瑋，身高雖高，卻很瘦弱。

一，十三歲，就這樣過了一年半的集訓生活。

基本上，校隊以訓練為主，課業其次，每天早上五點半起床就是體能訓練，跑步、投籃、青蛙跳、鴨子走、重量訓練。當時我個頭雖然高，體重卻還不到六十公斤，從小從沒接受過這麼辛苦的鍛練，體能上根本無法負荷。才練了一個星期，腳跟腫了，咬牙硬撐下去，才適應了校隊生活。

我們每天中午練球、有時候晚上也練，一週要沿著社子國小旁邊的堤防跑一圈，全長約十公里。白天走路上學，一路從陽明山腳下的社子國小，走到陽明山上的陽明國中，放學再走路下山。

這些辛苦，換來的成果很豐碩。我們籃球校隊打到全國冠軍，出國比賽又拿到亞青盃的亞軍，但我們也付出了幾乎沒什麼時間上課的代價。在球場打球的時間遠超過在教室上課的時數，我的成績很不理想，只有化學考得好。

負責教化學的聶培安老師看到我對化學流露出興趣，又知道校隊的狀況，他跟我說，只要放學或下課有空，都可以找他學化學。他還自掏腰包買了化學科普讀物送給我。

當所有老師都覺得校隊功課不好是理所當然，聶老師的出現，成了我生命中的一線曙光，他的熱心激發了我主動求知的興趣。週末拿著存下來的零用錢，到牯嶺街找書，同年紀的人可能找小說、漫畫，我則找化學相關的舊書，買回家津津有味的讀著。

原來對一門學科有興趣，讀書就不累，這對我來說是很新鮮的體驗。讀著讀著，我開始想像自己將來能夠成為很有學問、風度翩翩的成年人。

儘管後來我的功課因為「後天失調」，成績一直沒起色，但這無損於我對聶老師的感謝，他讓我明白了一個很重要的道理——給人希望是很了不起的。他的肯定給了我希望，讓我對於過去曾經覺得不可能的事情，產生了興趣，也產生了動力，這個體驗使我終身受用不盡。

每當我看到了想要念書但無法繼續求學、或是受到外界環境影響而受苦的年輕孩子，都會感同身受，想幫他們找方法、找出路，起碼要他們能夠在平等的基礎點上，展現自己的優點。

我相信，只要給予適當的教育，適時的鼓勵，每個孩子都有機會開創自己美好的未來。

……愛搞怪的叛逆少年

如果可以重回十七歲，我想多花點時間出門冒險，不要只是關在家裡讀書，把大把青春年華都耗在課本上，因為學習是多方面的，不是只在書本裡。多看看世界，多接觸文化藝術、會讓生活變得更多采多姿。不過，十七歲的我只想考上大學，根本不好奇課本之外的世界有些什麼。

發憤苦讀考大學

我做事向來很有計畫，為了成為想像中學問淵博、風度翩翩的成功人士，必須先考上大學。高二那年，我告訴媽媽，想住校專心讀書，全力衝刺大學。媽媽答應後，我便再度離家住校，直到高三畢業。

住校的團體生活很有趣，一屋子男生，笑料不斷。

記得當時我住在四樓的宿舍，有一晚大家都在讀書，忽然有個同學發出了驚恐的聲音，回頭一看，他臉色發青的指著窗外，竟然有個頭顱在晃動。

我們在四樓，窗戶外面什麼都沒有，這麼高的地方怎麼可能有人！大家都嚇傻了。

後來仔細一看，原來是隔壁寢室的同學，故意站在窗戶外面小小的窗台上嚇人，真把所有人都唬住了！眾人哄堂大笑，這種荒謬的事情，只有整天讀書、苦悶不已的學生才想得出來。

儘管我下定決心要好好讀書，但由於過去的基礎實在太差，苦讀兩年，大學聯考還是落榜了。

當年大學錄取率是百分之二十，重考很普遍，但是落榜對一個少年來說，打擊還是太大。我很快下定決心重考，而且發誓這次一定要考上。

進入補習班後，我發憤讀書，只差沒有頭懸樑、錐刺股，曾創下考前三個半月一步都沒踏出家門的紀錄，拚了命用苦行僧的方式讀書，愈讀愈瘦。

爸爸看我讀書讀到像發瘋，開始擔心，他向來不太對我們說什麼內心話，但這次忍不住開口勸我不要這麼辛苦，念書不該賠上健康。我說：「爸爸，我的未來只有兩條路，一條是死，一條是考上大學，我一定要考上大學。」

他看了我一眼，沒說什麼，隔天放了罐克補在桌上。這是他給我無言的鼓勵。

爸爸向來極度威嚴，從小對孩子講話都是命令句，從不願意在話語中流露溫情。像我生病了，他不會溫柔的說：「好可憐，怎麼生病了？」而是會很有威嚴的用命令語氣說：「為什麼不多穿點衣服、不好好照顧自己的身體？去看病！」

我對軍人父親的權威當然也會反抗，考大學那年髮長過肩、愛穿喇叭褲，十足嬉皮樣，爸爸居然沒有什麼意見。但前面頭髮太長，經常擋住視線不利讀書，就用兩支髮夾夾起來、繼續讀。

捨政大，選輔大

考大學那兩天，我長髮披肩、夾了兩根髮夾上考場，考著考著，髮夾不知到哪去了，前額頭髮滑落，就用一隻手抓著頭髮，一隻手拿筆寫考卷。

考完放榜，終於上了大學，理當很開心，但爸爸卻很生氣。因為他發現我沒依照他的指示選填志願。爸爸要我從最高分填起，按照學校分數高低填科系，但我選系不選校，寧可不填台大、政大，也要讀輔大大眾傳播學系。

放榜那天，爸爸發現我竟敢不照著他的指示填志願，把輔大填在前頭，而我的分數足以上政大。晚餐時，他在餐桌上暴怒，狠狠的罵：「怎麼不去念政大？什麼都不懂，以為要念什麼就填什麼，念這個做什麼？將來要當記者嗎？念了政大再轉系，不行嗎？」

我在餐桌上痛哭，這是今生最大的叛逆，寧可選擇自己喜歡的大眾傳播系，也不想遵照父親的想法。原本以為人生當中最成功的一天，卻留下相當痛苦的記憶。

隔天，媽媽給了我一點錢，微笑說：「考上大學了，給你一點錢去做套大學制服，可以穿帥一點去學校。」撫慰了我受傷的心。

開學之前，男生都要上成功嶺受訓，必須剃光留了很久的長髮，從嬉皮長髮到大光頭，真有點不習慣。

受訓第二天覺得耳朵怪怪的，伸手一摸，竟然取下了個耳殼似的東西，嚇了一跳。摸另一隻耳朵，又拿下來一只耳殼。原來長髮留久了，耳朵藏在頭髮裡，很久沒曬到太陽。受訓剃了光頭，豔陽直射白嫩的耳朵，兩天就曬到脫皮，簡直是人體奇觀。

父親的權威直到我結婚生了孩子、他當上爺爺後才瓦解。他一看到孫子，立刻成為慈愛的祖父。當時我跟太太還在美國讀書，父母親捨不得小奶娃離開身邊，要我們自己回去讀書，別把他們的孫子給帶走，於是孩子出生後就留在台灣由爺爺奶奶照顧，一歲半才帶去美國共同生活。

我的孩子常常把臭腳丫放在爺爺的鼻子前，要爺爺聞他的腳丫香不香，爺爺每每開心的說：「我的孫子腳丫好香。」

每次看他們祖孫互動，我都想說：「爸！你對待兒子跟對待孫子，也差太多了吧！」

★ 輔大時期的周錫瑋，時值20歲的青春少年兄，過著多采多姿的大學生活。

……愈付出，愈幸福

很多人談戀愛像在地攤購物，看對方出價多少，自己再給予回應，深怕吃虧了。但我相信愈付出、愛愈多，當對自己所愛的對象付出愈多，愛的感受愈深刻，感情也就愈好。

我家一直住在眷村，以為別人的家庭應該都跟我家差不多，從台灣南邊搬到北邊，住過這麼多眷村，環境真的都差不多。認識太太之後，到她家拜訪，才知道原來不是每個家庭都一樣。

傻小子愛上千金小姐

我的岳父在迪化街白手起家，三、四十年前經商發跡。他跟我差不多高，長相很像外國人，又高又帥，很醒目。大家都知道不能追他的女兒，因為岳父很保護寶貝女兒，想追她的人，都會被岳父兇狠的轟出去。

在我和太太還沒有成為男女朋友之前，我第一次到她家，就在她家開伙煮粥，因為太太的哥哥認識我的大哥，大哥跟我買了海鮮，上她家玩。我們想煮鍋紅蟳粥，沒想到小小的一鍋粥，竟然改變了我跟她的命運。

太太說，第一次看到我，就覺得我很可愛、很投緣；我也喜歡她的溫柔和氣，一點大小姐脾氣都沒有。

那天，我在廚房洗紅蟳、切薑絲、煮稀飯，忙進忙出時，剛好遇到她爸爸，我未來的岳父。

岳父對想追女兒的年輕男生都很兇，沒想到卻對我留下了好印象。後來岳父說，看我一個大男生，居然捲起袖子下廚，特別新鮮。尤其自己女兒不會煮飯，當時他就想，假使女兒跟這個小伙子交往，這個男生應該有能力好好照顧她，給女兒幸福，因此對我另眼相看。等到我們小倆口開始交往，岳父也對我們的感情樂觀其成，很輕鬆過了大家口中的難關。

也許是因為一開始印象不差，在我們認識六個月後，我鼓起勇氣問岳父岳母，可不可以把女兒嫁給我，他們立刻答應。

婚後曾經住在太太娘家，岳母疼我，比疼小舅子還要多。每天早上岳母早早起床，

★ 周錫瑋和太太鶼鰈情深，洋溢幸福笑容。

看著我吃完早餐、自己才回去補眠。就算我沒法趕回來跟大家一起吃晚餐，岳母心疼女婿，也會幫我預先留好飯菜，回來當宵夜。小舅子看到自己的媽媽對女婿這麼照顧，還吃醋的抗議媽媽偏心。

我母親曾經告訴我，該娶會洗衣、打掃、煮飯的女孩。我說，這些我都會，不必娶太太來做。

還記得新婚時下班回家，太太看我進家門，拿了雙拖鞋給我，「我自己來就好！」我請太太以後千萬不要如此，可以自己做的事情，不希望勞煩她。

太太不解的說，不就是拿雙拖鞋而已！我說：「你是我太太，不用特別伺候我。」

我還特地跟太太約法三章，日常起居，我會照顧自己，每天該穿什麼衣服，我也習慣前一晚自己準備好。所以她從結婚第一天起到現在，從來不知道我的鞋在哪、襪子在哪、衣服在哪，也從來不必操心這方面的事情。

至於太太，婚前婚後的改變當然很大。她是家裡唯一的女兒，被爸媽捧在手心長大，從沒下過廚。記得她來我家，第一次陪公公婆婆下廚、幫忙做菜，我擠在旁邊看，愈看愈有趣。

她家講閩南語，我家講揚州話，看她在廚房裡跟爸爸媽媽有說有笑的講了三十分鐘，趁空用台語問她：「妳干聽有？」她笑說，一句都聽不懂，但看臉色、看動作就懂了。

後來，太太從蔥蒜不分的千金小姐，到燒得一手好菜，連我爸爸獨門的獅子頭都學得有模有樣。

婚姻讓我體會到，相愛並不是單方面，不是光等著別人來愛我、寵我、照顧我，要懂得付出，愈付出、愈能感受到溫暖與幸福。有能力可以付出，是很棒的事情。

感謝太太付出

太太的個性很好，記得我們剛結婚時，確實需要磨合，後來有了默契，日子過得很愉快，相處得很和睦。結婚至今二十七年，我們到現在還會每天擁抱，出門一定牽手，很親近。兒子回家也會抱抱媽媽，親親媽媽，一家人的心貼得很緊密。

我跟太太好到像雙胞胎，很有默契。像在超市買東西，面對長長一排貨架，竟然拿到一樣的東西，不禁相視一笑。

我覺得家庭就是這樣，即使各自做自己的事情，在各自的領域忙碌，回到家，還是親密的一家人。我不希望因為自己的事業影響孩子，就任縣長之後，從不出席孩子學校的活動，希望讓他們保有不受外界干擾的生活。

太太也不熱衷政治，平日不參加政治活動，也不參與官太太的團體，只有非她不可的場合，才露面。而我最心疼她的就是，必須陪著我面對政治上的壓力，在我低潮時也跟著難受。

身為縣長，民眾陳情不論場合，也不顧情面。記得有次跟太太到淡水，老遠就聽到有人大聲說：「民調最後一名的縣長啦！」然後用不理性的字眼謾罵。我是個大男人，可以承受這種被當面嗆聲的尷尬，但太太就在身邊，親眼看著老公挨罵。我心疼她，她一定為我感到委屈難受；她也心疼我，因為她最清楚我每天有多努力工作。

而且公眾人物沒有自由與隱私，走到任何地方，都會有人認出我是周錫瑋、很多人等著跟我講話，就算原本想夫妻一起吃頓飯，也從來沒機會輕鬆用餐，每個招呼都要回應、伸出來的每雙手都要握一握。

太太嫁給我的時候，根本沒想過我會走上政治路，她對婚姻生活的要求非常單純，就是有個相愛的老公，組個溫暖的家庭，這些我們都擁有，只是中間還多了三百八十九萬名台北縣民。

政治人物的家屬難為，他們通常都會跟著失去自由、沒有隱私。四年縣長、七年立委、四年省議員，這十多年的政治生涯裡，大概只有前四年因為沒人認識我，太太跟我可以自在做自己，此後認識我的人愈多，我們的私人空間就愈少。兩人一起如履薄冰，因為政治圈裡應對進退要特別當心，稍有不慎，造成誤解，都不好收拾。

所以我很能體會許多政治人物的太太寧可不說話，寧可退居幕後，因為這樣起碼回到家裡還能有喘口氣的空間。如果連太太也一起拚選舉、喬政治，那真的時時刻刻都無法做自己了。

正因如此，我很感謝太太的付出，也慶幸自己有個溫暖的家庭當後盾。

夫妻攜手散播溫暖

每個人心中都有個排行榜，家人、配偶、事業，各有優先順序。有人把自己放在第一位，我奉勸這種人最好別結婚，免得大家都痛苦，因為人不是單獨存在。

就像種棵番茄樹，結出果實之後，是打算自己獨享？還是開心的和旁人共享？工作賺了錢，是想要自己一個人花光？還是跟配偶一起吃頓晚餐，讓孩子安穩受教育比較開心？

人要付出，才會長大。眾生之所以生在這個世間，就是為了利他，把自己最大的力量發揮出來，讓旁人平安、快樂。也許我們無法達到宗教家的境界，但有能力讓大家變好，不是很好嗎？

付出，讓旁人開心，自己也開心。

有一次，跟一群朋友聊天，大家説，政治人物當中，就屬周錫瑋最疼太太，到任何地方兩人都手牽手，感情最好、最甜蜜。

我説，太太當然要疼，人家嫁給我，辛辛苦苦走過這麼多年，這麼關心我，照顧我，當然要好好疼惜。而且我發現，結婚之前，大家都説我的媽媽家教好、家規嚴，婚後發現讚美我的人更多了，因為太太訂下的家規更嚴！

★周錫瑋夫婦和認養兒童圍爐。

我說，要感恩，家規嚴是避免犯更多的錯，因為男人的心像野馬，永遠想在平原上亂跑，沒有太太拉著韁繩，早不知跑到哪去了。在場所有男性朋友都給了我肯定的眼神，大家都很「尊敬」老婆，所以心有戚戚焉。

擔任縣長任內，太太成了最佳夥伴，我們常常一同做公益。像台北縣有些家庭面臨困境，太太會跟我一起探訪他們，有時太太自己去，跟他們聊聊、幫他們想辦法。有時候我看到一個家庭眼看就要瓦解，只要出一點力就能幫他們大忙，但政府法令無法協助，一急，拿起電話向太太求救，太太也會立刻趕到，以私人的名義扶他們一把。

我們都很喜歡孩子，夫妻話題也經常圍繞著愛心教養院、圓夢計畫、還有由我擔任監護人的一些小朋友打轉，上次探訪的家庭後來怎麼了，那個孩子有了什麼轉變，在幫助人的過程當中，我們夫妻跟著同喜同悲，很慶幸能有力量一同幫助人，幫助這麼多家庭圓夢。

但太太最近開始擔心我的生涯規劃，她給我的指令是務必早點提出新工作的規劃，而且必須長達一年以上。不是怕我沒有「位子」，而是擔心我早已經習慣了每天滿滿的行程，萬一賦閒在家，整天找她或找孩子忙東忙西，那她跟小孩肯定不得安寧！

……披星戴月留學生

當完兵後，我申請到洛杉磯南加大的公共行政研究所，爸爸拿出七十萬元贊助我的學費以及生活費。不久之後，為了結婚我先回國一趟，婚禮當天拿到的賓客禮金，原封不動交給爸爸，還他這七十萬元。

在我的觀念裡，既然都成家了，怎麼還能要父母資助，所以婚後與太太一同回到美國，開始打工小夫妻的生活。

美國的生活不便宜，房租貴、學費貴，我們勢必要自食其力。太太在城裡找了個工作，每天花一個多小時通車。我則在舅舅開的飯店擔任經理，負責飯店上下所有採購。

那時候我一天是從搬菜開始，五點就要上果菜批發市場，依照中餐廳、西餐廳、歐式自助餐的廚師開出的菜單，挑選當天需要且新鮮的蔬菜等食材，一箱一箱愈堆愈高，統統運上廂型車。

飯店食材必須新鮮，所以一週要採購好多次，萬一遇到隔天要交報告，那整個晚上都不能睡覺。前一晚熬夜寫報告，到了凌晨四點多，摸黑開車去批發市場，買好菜、將菜送回飯店後，開始上班。辛苦工作一天之後，接著晚上上課。幸好這種披星戴月的日子發生的機率不高，一個月「才」一次。

但熬夜也要注意安全，如果知道當晚需要熬夜，我會先準備好隔天上班的服裝，讀到凌晨四點，洗個澡振奮精神、喝兩杯濃咖啡，伴著夜色出門。但清晨開車真的很辛苦，萬籟俱寂，很容易開著開著就精神不濟，只能在車上打自己耳光、捏大腿，痛到清醒，繼續開車。這段時間過得真的很苦，幸好已經苦過來了。

拿到公共行政的碩士，回國十個月，我還是想拿個企管碩士ＭＢＡ，所以又去寫信去申請，這次終於申請到了商學院。

南加大的企管系全球知名，近年已經成為全球排名前十的企管學院，因此課業要求很高，同學都很優秀，隨時擔心會被當掉。學校說我必須補修六十個學分，這段時間白天工作、晚上念書，而同學們又都是已經有多年工作經驗的白領階級，課業上要跟上大家的程度，格外辛苦。

大家都是下班後趕來上課，根本沒時間吃晚餐。好在七點四十分有個空檔，每個人都趁機填填肚子。我最常吃的晚餐就是一杯熱咖啡加上幾片餅乾或一個瑪芬蛋糕，沒辦法，這是最快速方便又能止飢提神的食物。課後還有讀不完的資料以及寫不完的報告。

我一方面覺得讀書真的很有收穫，但另一方面又覺得，要把所有工作都做好，還要照顧功課，確實是有些困難。

讀ＭＢＡ最大的挑戰在於我沒有工作上的實戰經驗，不懂美國企業的商業邏輯，分析個案時，得要花比旁人更多的時間才能搞懂案子。

我知道自己條件上不比別人優秀，英文沒當地學生好、資質又絕非天才，唯一能夠與人一爭長短的，就是努力，人家可能花一小時就準備好了，我願意多花好幾倍的時間。

而企管的課程訓練也讓我終身受用不盡，美國企管課程的特色就是與實務靠得很近，課堂上都是企業案例，實際開始工作之後，發現理論與實務確實相去不遠。一個好的領導者一定要是個教育家，才能夠在業績等數字之外，看到未來整個企業前進的方向。

從政更是如此，一個好的領導者，必須要清楚知道未來的方向，把任務確切交給部門主管，分層負責，務必讓每個部門都順利運作，就像拼圖一樣，每個人把手中的小塊拼圖做好，湊起來就是個漂亮、完整的作品。

假設每個人拿到手的任務都只完成一半，以為旁人看不出來，那拼湊出來就會是個荒腔走板的慘劇。

企管的訓練讓我頭腦清晰的評估每個階段、每個部門的表現，監控大家的進度，也許一開始旁人不懂我的夢想拼圖完成後會是什麼樣子，但隨著拼圖一片片拼起來，圖案就會愈美麗、愈完整，愈接近我們夢想的樣子，也會有愈來愈多人理解。

在外商公司練就十八般武藝

剛從美國回來的那年，我在美商博雅公關公司（Burson-Marsteller）上班。一年之後，月薪破九萬元。

博雅本身是美國公司，主要處理其他跨國美商公司的全球年度大案當中的台灣部分，除了公關服務，還包括政府關係、危機處理等等，客戶多半都在國外，九成要以英文溝通。公司總經理是美國人，經理是英國人，後來增加了個台灣人當經理，就是我。

加倍努力，勇於負責

我做事只有一個祕訣——努力工作。不管擔任任何職務，都早到晚走，當天上班時間無法完成的工作，帶回家繼續做，絕不把工作推給別人，而且從不喊苦。因為任何工作都是責任，要自己負責。

我不相信投機取巧、不會想要一步登天，也不相信任何捷徑，不認為人會忽然變聰明、突然變有錢、突然什麼都懂了。我只相信努力工作。

我相信古人說的「愈苦愈明」，智慧要經過犯錯、受苦、種種挑戰之後，才會增長。所以吃愈多苦，智慧的光芒愈閃耀。

所謂的天才，都是極度專注在某些事情上，而且肯吃苦，才會成功。我知道自己不是天才，連資質優異都稱不上，充其量只是中等資質，所以要更努力。

精準判斷，清楚表達

在博雅任職的三年期間，最大的收穫就是打下了極為厚實的英文基礎，英語能力突飛猛進，比在美國唸書時好得多。在外商公司上班，也顛覆了我處理事情的態度。

中國人講究謙讓，但外商公司要求個人表現，外商公司與本土公司最大的不同在決策方式，華人世界習慣有領導者，老闆決定了，大家照辦就是。但外商公司喜歡腦力激盪，開很多的會議，希望大家能在會議上交換意見、尋求最大共識，如果事事不發表意見，老闆會覺得這是沒有想法的員工。

我在外商公司裡的優勢，就是我比較了解台灣，像某個案子必須競標，金額很高，案主又是全球數一數二的跨國公司，不少國外頂尖的法商、美商公關公司都提案競爭，那次我被推到第一線，必須在很短的時間內，對客戶說明我們公司的做法，必須以簡要又強有力的英文說明我們在這個案子的創意與突破點，這是很大的挑戰。

在公關業就是這樣，表達能力非常重要，需要良好的組織力與判斷力，才能讓對方在短時間內清楚掌握想要表達的主旨，要言之有物、更要言簡意賅，這能力不只在公關界有用，政壇上、商場上、媒體上也都需要，無形中就讓我養成了系統化思考的能力，也培養了判斷的直覺，可以稱之為Judgement Call，是一種主觀的判斷力。

有一次，我與美國政壇朋友談到了政治人物的緋聞，八〇年代末期，有一位美國總統候選人在初選過程中，被媒體抓包與女性有染，後來果然落敗。我說：「美國選民跟台灣選民很像，都不喜歡有緋聞的政治人物。」

這位美國朋友哈哈大笑說：「不！不！不！不是緋聞的問題，是『判斷力』的問題！」

原來其中是有差別的，美國選民不太看重私人感情上誰對誰錯、是否專情，因為這是個人隱私。但他們不能接受一個候選人怎麼會笨到在競選期間先發誓自己沒有婚外情、卻又偷偷與情婦幽會，這不是自掘墳墓的危險舉動嗎？因此，這個候選人的判斷力一定有問題，選民才不放心將國家大位交到這樣一個頭腦不清的人手上，他不夠格！

我哈哈一笑，看來中西文化確實有許多差異。

善用時間，投注熱情

外商公司還教會我一個關鍵觀念，就是時間管理。公關公司的收費比照律師，是按照服務客戶的時間收費，結案時會一一列出公司內部員工為了這個案子各花了多少時間，報表上一目了然。因此誰善用時間，誰時間管理一團糟，也一清二楚。

在這樣的訓練之下，我習慣把每天的工作表排得滿滿。直到今天，依舊是一個會議接著一個會議，只要銜接流暢，就不會浪費時間。這習慣到今天不變，必須妥善利用任何一個空檔，進行聯絡、決策、溝通，當然也要把握時間用餐、運動，身體健康也很重要。

如果現在的你是個學生，你有大把的時間可以把握，記得寒、暑假別顧著玩，每天要安排時間學習。四年八個假期下來，都能學會一種新的語言了。安排得愈精采，人生就愈豐富。而且不要把時間都用來睡覺，那太浪費了。

如果現在的你是個上班族，請記得勤奮很重要、努力工作很重要，時間管理很重要，要問清楚自己想要什麼、想要如何成長，徹底的思考清楚，然後堅持下去。

而且，工作跟談戀愛很像，對一份工作投注愈多熱情，回饋就愈豐富。

……素人畫家

我從小喜歡畫畫，隨手抓張紙，就能開心的畫上很久，但除了學校的美術課，從沒接受過正統的繪畫訓練。也許正因如此，我對繪畫始終充滿了興趣，也覺得自己頗具天分。

考大學時又想，不如考美術系好了，但媽媽反對，因為我哥哥已經讀藝專，她說一個兒子讀藝術就夠了，可不行兩個兒子一起吃不飽、餓不死。後來也有朋友說，幸好沒讀藝術，因為藝術家的作品都是人死了之後才開始值錢，梵谷生前多寂寞。

讓天賦自由

但，人生很難說，二〇〇〇年，我四十二歲那年，有一天，我忽然很想畫畫，創作的渴望驅使我立刻去美術社買了水彩、畫筆、圖畫紙，裝在一個塑膠袋裡拎回家。

太太看到，問：「那是什麼？」

我說：「水彩。」

「你會畫嗎？」

「當然會！畫給你看。」

我的個性不喜歡拖延，說做就做！當天晚上動手畫下第一幅畫，不只這天畫，隔天也畫，就這樣持續了一年。

一年後，我對太太說：「我要開畫展。」

「啊？你要開畫展？」她顯然不太相信。

又過了兩年，我在國父紀念館開了畫展，那次展出四十三幅畫作。去畫展的路上，太太說：「老公，我很佩服你，因為你說到做到。」

在畫展現場，我邀請李奇茂老師指教。李老師說：「我有個學生，是他哥哥，學過藝術，但沒開過畫展；這個弟弟，沒學過藝術，竟然開了畫展！我很佩服他。」大家聽了哈哈大笑。

從畫畫的過程中，我體會到，「心念」很重要，相信自己有點天分，於是勇於嘗試、努力去做，也才有機會圓夢。假使從頭就相信自己沒有天分，絕對不會開始嘗試，更不可能做出成績。

其實，天下這麼大，每個人都有天分，但很少人相信自己，真是可惜。

我從小就是這種「去做，就對了」的個性，像小時候身體很差，但相信自己可以打球，就參加了籃球隊，結果竟然打到全國冠軍，還出國比賽。（不過也付出不少代價，當時腳踝受過傷，到現在跑步只要超過二十分鐘就開始痛。）

人生當中，有些事情必須由興趣驅動，自己喜歡，主動去做。有些是被動的發現自己需要具備這個能力，必須嘗試。

我喜歡夢想，更喜歡很有效率的執行夢想。想到就要講、想到就要做，很多人習慣把事情拖個兩天再做，我不習慣如此，因為每天有每天該做的事情，若不把握時間，一定會延宕到之後的事情。

所以一旦想畫，就立刻著手畫畫，二〇〇〇年我相當忙碌，當立委要開會、要質詢，有處理不完的選民服務，但一有空就畫，有時難得有一整天的空檔，連畫十小時，都不覺得累。但有些畫不是短時間可以完成，可以畫上兩年，才覺得畫完了。

後來當了縣長，任內事多又雜，但還是想畫。早上做完運動之後，抓緊時間畫個十分鐘或半小時，晚上回家，再畫個十分鐘，一年還是可以完成幾幅畫。

★盡情揮灑色彩，創意無限奔放。

讓想像奔馳

畫畫是個因緣，能夠畫畫，我感到非常幸運，因為畫畫需要膽量，是非常大膽的挑戰。

當一幅畫眼看就要完成了，每一起手，都在考驗有沒有膽量畫下一筆，這一筆下去，會更好？還是整體毀了？敢不敢突破？敢不敢創新？每一筆都有可能犯下不能挽回的錯誤，所以真是很大膽的事情。

開始摸索時，多半求寫實，形似就好。後來開始畫抽象畫，發現每一筆都是挑戰。因為繪畫，就是在心靈創造出一個很大的世界，每一筆都在開天闢地，每個顏色都是感情。一幅畫，就是一個世界，「一花一世界，一沙一天堂」，確實如此。

畫畫也是個有情的世界，作品的樣子會隨著年齡不斷變化，像我很喜歡克林姆（Gustav Klimt）的畫，說來很有意思，他與國內很有名的國畫家鄭善禧等，都是到了老年才開始畫裸女，可能是巧合，也可能是藝術上的必然。

藝術家的年紀愈長、愈能將藝術當做是完全的解脫，是對技巧限制的解脫，對傳統束縛禮教的解脫，也是從日常生活解脫。

世界上最好的藝術家，往往不是正規教育體系出來的，在過程中與所有的技巧作對，走叛逆、另類的路。像米羅、像畢卡索、像莫內，都因創新風格而贏得後世的肯定，換句話說，都在背離傳統。

這些人畫得好的原因，在於使用與當代不同的顏色、結構、形體扭曲，透過想像，讓創造力再現，可以說是解構，但我覺得更是種「解脫」。

我的畫也能看出風格的轉變，一開始自己關在房間裡，對著照片臨摹風景、花鳥，畫了一系列風景中的鳥、魚等生物。後來，我停止臨摹照片，主要也是因為事情多了，畫畫的時間少了，沒辦法繼續工筆細細臨摹，改畫寫意，從想像力出發。

繪畫其實是從大腦的記憶庫裡取出某一年夏天看到的線條、某一天看到的顏色，組合在一起，表達當下的感受。

有人不懂哪來那麼多畫面可以拼貼，其實光這一生，從小到大，眼睛看過的風景、人物、色彩、線條，不知凡幾。畫畫就是把資料庫中的色彩、線條、構圖從記憶深處挖掘出來，發酵、創造，變成一幅畫。這是很特殊的過程，而我相信每個人都能畫，畫畫的過程很過癮，等於重溫舊夢又同時創造新記憶，非常享受。

畫的時候，重點不在技巧與功夫，不是表現的方式，應該是完全放開，是表現感覺，不需要自我設限。所以畫久了，都會變成形而上內心的傳達。

★2007年11月「圓夢畫展」展場一隅。

★ 2009年8月，周錫瑋在香港包氏畫廊舉辦畫展。

讓夢想實現

有人聽到藝術就肅然起敬，其實大可不必，藝術是很好玩的，像我喜歡到處看畫，有回看到大陸畫家劉野的作品，粉紅色的底，畫了個小女孩跟粉紅豬，很有個性，小女孩手上拿了把小刀，標題是「溫柔地殺我」。畫的趣味在於可以反映出畫家的個性，每張畫都有個性，也都有故事。

很多人覺得抽象畫就是亂畫一通，弄些線條跟顏色而已。但仔細感受，每張畫都自成邏輯、含有豐沛的情緒。

繪畫的過程是有智慧的，透過潛意識，而非大腦，把不同空間、不同物件、不同情緒，都放在同一張畫上，而且不能用理性一一解釋。像我的畫，有的平靜、有的有強烈起伏的情緒，透過顏色、線條、筆觸，都可以看得出來。

而這些組合、搭配、虛實構圖的能力，都不是經過計算，而是直覺、自然的組合，這是畫畫最厲害的地方。

像莫內的畫，這麼龐大的面積，但他卻能在這邊一個筆觸、那邊一個色塊，組合成了有邏輯、有故事、有情感的傑出作品，這就是畫畫最有趣、最迷人的地方。

每個人都有潛力，畫畫的能力就像下棋的能力一樣，是可以訓練的，像西洋棋冠軍蘇珊・普爾加（Susan Polgar）可以同時跟許多人下棋，大家都以為她是天才，實際上，蘇珊從四歲起接受記憶力訓練，腦中記了無數棋譜。她證明人都有無限的潛力，只要加以適當的訓練。

畫畫的能力跟煮菜、演講沒什麼差別，都要多練習，一位好廚師可以就地取材、加調味料，不需科學測量就做出美食，因為熟能生巧。一位好的演講者也不需要背稿，會針對台下的觀眾來邊講邊想，組織出精彩的內容。畫畫也是如此。

畫畫還能訓練邏輯能力，能向內挖掘內心美好記憶，加以發酵、加以創造，都有一套邏輯。

真要談「畫」，七天七夜都聊不完。

二〇〇〇年開始畫畫時，我沒想到這隻畫筆除了畫畫，居然還能幫人圓夢。開了第一次畫展之後，有人想收藏我的畫作，我不需要鬻畫維生，覺得光賣畫沒什麼意思，便決定結合公益，請對方直接匯款到「圓夢計畫」帳戶。透過賣畫，在任內募集兩千七百多萬元，全數移作公益，幫助了兩百多個家庭。

人生真奇妙，原本畫畫只為圓自己的夢想，誰知道，最後竟然圓了這麼多人的夢！

PART 2

四千個同事都說我……

★ 孩子是周錫瑋的心靈導師，縣府同仁都說：「沒見過這麼愛孩子的人。」

……異想天開

縣府同仁們覺得我是個異想天開的縣長，從上任第一天起，開出了很多他們覺得不可能的任務。不過，這些任務在日後一一實現了。

其中與四千位同仁最有關係的一項政策，也是一開始反彈最激烈的，是讓台北縣政府行政大樓成為全國第一棟全面禁用免洗餐具的大樓。

外界可能不知道，縣府行政大樓共有四千位員工在此上班，加上來洽公、開會的民眾，天天都有成千上萬的人出出入入。我跟環保局的同仁說，我們成天把低碳、環保掛在嘴上，也該想著怎麼具體實踐，該怎麼把縣府大樓變成一個低碳環保的大樓？

當時我們思考著該怎麼讓垃圾減量，發現各種垃圾回收、垃圾隨袋徵收的政策都是在垃圾產生之後的處理方式，其實，我們可以在源頭減量，不讓垃圾產生。

免洗餐具在縣府絕跡

根據統計，台北縣一年共用掉七億五千萬雙的免洗筷，免洗筷製造過程需要砍伐樹木或竹林，還要浸泡藥水，如果處理不慎，筷身還會殘留亞硫酸鹽、過氧化氫或是螢光漂白劑，有害人體。

砍伐樹木只為製造使用一次就丟棄的免洗筷，傷害了大自然，也製造了大量垃圾。只要台北縣境內每個縣民都自備環保筷，這七億五千萬雙免洗筷製造的廢棄物會立刻消失，這麼好的事情，當然要立刻推動。

其實環保署早在二〇〇六年便規定政府機關、學校的餐廳不准使用免洗餐具，但員工如果從外面買便當回來，還是可能使用免洗餐具，還是會製造垃圾。

於是環保局大膽提出了一個新的想法，從二〇〇八年四月起，台北縣政府禁止使用免洗餐具，成為全國第一棟禁用免洗餐具的大樓。不使用免洗筷，一天起碼可以減少四千雙免洗筷的垃圾；不使用紙餐具，可以減少製造紙類免洗餐具過程中產生的大量污水，不使用塑膠湯匙、塑膠碗盤，又能減少塑膠免洗餐具製造過程所耗費的石油資源。

任何政策推行之初都會遇到阻礙，禁用免洗餐具政策一宣布，就有人反對，試辦三天之後，跑縣政府的媒體記者開始反彈，說：「太不方便了！」還在媒體上語帶譏諷的

★「瞧！我們的便當盒、筷子、湯匙和水杯，都是可以重複使用的喔。」

評論這項政策，為此，我們還在縣府大廳辦了三天的「全民開講」，邀請有意見的員工直接當面溝通，如果員工的說法有道理，立刻採納。

第一天有將近五十位員工發表意見，大多擔心一搬餐具清洗得不夠乾淨。衛生局表示，可以負責監控清潔，接著第二天、第三天，都沒人有意見，這項政策也就持續落實。

光嘴上說不使用免洗餐具，是無法落實政策的，因此，我們採用分層負責的方式管理，每一層樓都有巡查人員，而茶水間也都委由清潔人員清查垃圾當中是否含有禁止使用的免洗餐具，如果違反規定，會留下紀錄。透過這樣的評比，促使各部門主動執行，讓員工們自動自發遵守這個新規定。縣府行政大樓門口有專人值班，遇到有人攜帶使用免洗餐具進入大樓，就主動進行政策宣導。

很快的，縣府的員工餐廳來客數大增，過去叫外賣很方便，現在不能叫紙盒盛裝的餐點，同仁們都到縣府餐廳用餐，更方便。

讓店家成為環保先鋒

當然我們也要照顧周邊商家的生意，為了宣導整棟大樓婉拒以用過即丟的免洗餐具盛裝餐點，我們事先與附近的便當店溝通，希望店家配合。

「鐵道便當」率先響應這項政策，答應為縣府員工特製不鏽鋼便當盒，每天訂餐之後送達，用餐完畢再派員工回收清潔。店家每天要多跑一趟、增加了清潔餐具的費用，但縣府這個大客戶也讓他們的生意蒸蒸日上。附近其他商家

★ 縣府內的便利商店用馬克杯裝咖啡，用玻璃杯裝飲料，成功推行環保。

為了爭取訂單，也紛紛在店門口貼上「本餐廳提供環保餐盒外送服務」，標榜他們願意配合政策，採用可回收的不鏽鋼便當盒送餐來招攬客人，形成了正面循環。

更有意思的是，縣府大樓內部有一家便利商店，過去都提供紙杯、免洗筷、塑膠刀叉，但在縣府內部開業，我們情商廠商配合規定做些改變。於是便利商店以馬克杯供應熱咖啡，請客人喝完再走，或是自備環保杯，方便外帶。

便利商店的筷子也採用可重複使用的不鏽鋼筷，用完之後有自動洗碗機負責清潔殺菌，店裡還有一台會自動彈出筷子的給筷機，讓這家縣府內的便利商店與眾不同。很多人到縣府，都會特地到這家全國最環保的便利商店看看，甚至拍照留念。

任何政策要成功，首先，決策必須正確，推動要有毅力，搭配執行者認真負責的態度，才可能徹底執行。許多同仁都說我像周探長，四處探查政策是否真的落實，讓大家壓力很大。

我說，既然要做，就要認真做，二〇〇八年四月開始至今，稽查從未放鬆，縣府員工早已養成自備餐具的習慣，甚至還有員工說，到了縣府大樓之外的地方使用紙碗、紙杯，會覺得怪怪的，很不習慣。

現在，禁止使用免洗餐具的政策已經漸漸推廣出去，從公家機關到許多縣市，也都比照辦理，我很高興能夠帶頭推動這個重大的垃圾減量行動，也希望未來能夠持續下去，不要因為縣長換人，這麼好的政策就此停擺。

……

河邊CSI犯罪現場的周探長

很多人問，周縣長，你的政績在哪裡？我想，政績不是掛在嘴上講的，建議有疑問的朋友到河邊走一趟，淡水河、大漢溪、新店溪都可以，親眼看看現在的河川與過去有什麼不同，勝過我千言萬語。

水的問題，是台北縣、全台灣，甚至全世界都很注重的議題，迫切需要解決，但從來不是個簡單的任務。

還記得小時候上學，天天都要經過惡臭撲鼻的臭水溝。幾十年過去，這條臭水溝從沒改善，反而更臭，人人掩鼻而過。

當上縣長之後，我想立刻處理這都市之瘤，還給縣民美麗乾淨的河川，理由很簡單，台北縣是台灣人口最多的大縣，絕對不該是個「二等城市」，有乾淨的河川只是最基本的條件。

上任之初，我對水利一竅不通，請來許多水利專家支援，希望儘快提出對策。天然河川的懸浮標準是30ppm，但二〇〇六年大漢溪的懸浮微粒高達24,000 ppm。河床上四處林立的砂石場是污染主因。其中有的合法、有的非法，非法的砂石場當然該取締，但有些砂石場表面合法，卻從市區挖了暗管穿過堤防，透過暗管偷排砂。

我的立場不反商，也不反砂石業者，因為各種基礎建設都要用到砂石與混凝土，沒有這些建材，任何一棟大樓都蓋不起來。但這不代表業者可以任意污染河川。

水利局的李戎威局長拿出了一張污染「魚骨圖」，詳細畫出淡水河上游主要支流：大漢溪、新店溪、基隆河、三峽河、景美溪、北勢溪、疏洪道，像財務分析一樣，一一列出哪條河對污染的「貢獻度」是多少，如果能夠做到污水截流、污水處理，能夠達到哪些效果。一一計算之後，他提出了對策——只要做好「這些事情」，河川自然就乾淨了。

「這些事情」，其實並不需要用到多麼龐大的預算，但要膽大心細。

首先，要做旁人「不敢做」的，像拆除非法砂石場、取締偷排砂，過去這些領域經常傳出黑白兩道勾結問題。

其次，要做人家「不懂的」，過去處理河川污染問題，總覺得千頭萬緒、奇難無比，其實這幾十年來全球關於環保的知識水準已經進步許多，許多先進國家採取了新的對策，像污水截流、礫間接觸曝氣氧化法、濕地淨化法，這些新技術比過去常用的污水處理廠造價便宜，能夠節省大量公帑。

★ 周錫瑋與縣府同仁鍥而不捨的找出河川污染源。

說實話，我不知道為何不早點採用這麼棒、這麼有效的對策，只知道台北縣沒錢，要整治，必須有強烈的決心加上聰明的辦法。所以我說，全力支持、放手去做吧！

展現公權力，絕不妥協

整治過程相當慘烈，尤其開端是意志力與膽量的挑戰。

在我擔任縣長之初，發生一件「堤防爆裂意外」，這起事件很詭異，明明天氣好、沒下雨，在樹林的大漢溪堤防卻出現巨大裂痕，堤防邊的河岸湧進了大量污泥，蔓延了一百公尺長，掩蓋了約兩公頃土地。

如果是河川的淤積，應該沿著河岸淤積，而非集中在這一百公尺範圍內，其中必有蹊蹺。

往下挖掘八公尺深，發現污泥來自地底深處一條老舊、破損的暗管，證明是人為造成，不肖業者不知多少年前挖穿了堤防，埋下這暗管，多年來透過暗管排放廢水，結果壓力太大、年久失修，就炸裂了堤防。

根據污泥判斷，應該是砂石廠用來排放洗砂廢水。近年來到處興建大樓，產生了許多廢土，砂石廠處理砂石廢土，一車可以收一千兩百元，收入頗豐，但因為過於污濁，環保局設有總量管制，一天只能排放一定數量，以免嚴重污染河川。

表面上各砂石廠呈報的數據都遵守規定，但進出砂石車的數量之多，與排放量不成正比，落差懸殊，合理推論就是廠方違法以暗管排放污水，吃定稽查單位查不到，就無法起訴。

這些偷偷摸摸埋了暗管的非法業者，不知道已經污染河川多少年了。難怪這些年樹林地區明明已經蓋了堤防，卻總是一下雨就淹水，因為堤防底層早被挖穿。

主管機關透過雷達追蹤到暗管上游，進了工廠卻找不到這條暗管，沒有證據也無計可施。

這個案例絕不是特例。當時淡水河流域共有三十二家砂石場，其中十七家沒登記，屬於非法營業；十五家登記在案，但合法的砂石場也有非法排放的問題。

過去置之不理的疑難雜症，我不能不處理。同仁說，我做事情像探長，任何細節都問得很清楚，因為我要知道事情的全貌，想知道眾人的意見。有了對策之後，首長必須展現意志力，毫不畏懼的執行政策，同時充分授權並全力支持下屬，最忌諱臨陣怯場。

討論之後，我們確定為了整治河川，必須拆除非法砂石業者的廠房。該怎麼做呢？首先，我們花了一年的時間溝通、勸導、開單罰款。這段期間業者想了很多方法施壓，寄子彈威脅，還放話要號召千部砂石車包圍縣政府，但我們不為所動。

後來業者想出新花招，主張工廠合法、場內土地是私人管理，不可任意進入調查。於是我們建立了由檢察官、警察、里長陪同的稽查模式，保障稽查員的安全。

第一線的同仁面臨極大壓力，除了業者出言恐嚇，還需要變裝成遛狗民眾、釣客，不分晝夜監控有問題的砂石場。

還有同仁穿上潛水裝備，揹著氧氣筒潛入污濁河水中，找出埋在河床深處的暗管，用影像記錄暗管排放廢水的情形，當作證據。

看著同仁冒著生命危險換回來的鐵證如山，這項政策必須貫徹到底，才對得起他們的苦心。

宣導期間，業者以為我們透過取締另有圖謀，他們直接詢問或旁敲側擊：「到底縣府想要什麼？」還有一位業者每週三早上八點到水利局局長辦公室報到，跟局長聊半小時才離開，持續了三、四個月。

最後，他終於開口問局長：「局長，我們到底該怎麼做才行？」言下之意，可能在暗示只要能「喬」，他很樂意配合。

局長告訴他：「水利法在這裡，我影印給你。」業者拿著影印的條文，上面記載高灘地可以從事的行為，他死了心，回去就自己拆除了工廠，非常乾脆！

與既得利益者鬥智鬥法

當業者知道縣府的目標是保持河川潔淨，而且對所有砂石場一視同仁，沒有獨厚哪

★ 縣府人員強力掃蕩排放廢水的砂石場。

家，便理性的接受了。經過了一年的溝通，其中六家決定停工。其餘砂石場則繼續觀望我們到底打算怎麼處理。

我認為做事情，決心到哪裡，成績就會到哪裡。光是嘴上說說沒用，必須真的做到，才叫做完成。

這場河流戰爭，我們打的是心理戰。

從計畫一開始，我們先將所有的河川巡防員都換上新人，這個舉動宣示意義跟實質意義都很重要，告訴業者，不要心存僥倖。過去也許巡防員跟業者已經結為好友，但現在，沒有後門可走了。

接著，派遣警方保安小隊進駐水利局，讓同仁心安。讓他們在第一線無後顧之憂的展開工作。

第一家處理的業者位於新店溪，在警方的保護下成功完成拆除工作。

同仁說，最緊張的是在即將要拆除的那一刻，因為過去太多經驗是大隊人馬開到了工廠門口，正準備要動手，卻接到了關切電話，講完之後，帶隊的長官只能搔搔頭，硬生生的宣布暫緩拆除，行動取消，當場大家心都涼了。

李局長說他讀《中庸》，對其中一句話感受特別深，「在下位，不獲乎上，民不可得而治矣」，如果上級不支持，下屬是無法有所作為的。

領導者有沒有心完成一件任務，下屬最清楚。拆除砂石場的過程當中，縣府挑選了許多有能力又有膽識的同仁跨組織組成專案小組，他們犧牲了家庭生活、犧牲了休閒時間，全心投入這場河流的戰爭，身上背負旁人無法想像的壓力，這麼辛苦，只是因為他們有使命感，希望下一代能在一個比較好的環境裡生存。

如果不是想到了未來，沒有人有辦法承受這麼大的壓力。而我們這些高層長官能做的，也就是「說到做到」，當我們真的說到做到，同仁們士氣大振。

接下來進展迅速，第一線的同仁都知道這次玩真的，不管誰介入「關心」都沒用。其他非法砂石場發現這次拆除工作是玩真的，沒有關說空間，風行草偃，一家一家清理乾淨。

合法業者反而更加刁鑽，某些業者領有執照，卻透過兩套排放管偷天換日，稽查員來時，用合法的排放管排放一點點污水，等稽查員走了，立刻切換到另一套系統，大排特排。許多污水未經處理就直接進入下水道，嚴重污染河川。

我們依法行政，必須拿出證據才能辦案。針對這些變色龍業者，先透過監測卡車進出的量，來推估廠商需要的砂石以及排砂所需水量，對比申報的合法排放量，就能判斷是否有偷排的問題。

接下來必須仔細調查河川水質，找出污染嚴重的區塊，追溯源頭，找出偷排的管線、循線查出上游廠商。

有一家廠商特別棘手，幾次查緝都找不到排放的證據，還是同仁意外發現了水桶罩著的切換閥，才發現廠商居然還暗藏了七個大口徑的污水管道。惡質廠商不費功夫接暗管，直接把污水排放到附近的下水道，吃定沒人會發現。幸好，我們有一群不怕苦、不怕難的同仁，一舉破獲了他們的詭計。

人工濕地成魚鳥天堂

砂石場污染問題解決之後，河川並不會立刻清澈見底，環保局長鄧家基是環保博士，他分析了台北縣的狀況。他認為台北縣經費不足，無法大量興建污水處理場，但高灘地很廣闊，便建議採用濕地淨化水質，只要三分之一的興建日程、十分之一的經費，就可以處理污水，維護經費遠比污水處理場低，很值得投資。

整合各方意見之後，我們立刻決定根據不同的溪流採用不同的淨化對策。新店溪周邊開發較完整，屬於城市型溪流，採取面積較小的礫間接觸氧化（contact bed）處理法。大漢溪周邊開發較少，是鄉村型的河流，適合以較大的面積來淨化水質，便規劃出八個人工濕地，立刻撥經費執行。

礫間處理法很有意思，是透過附著在手掌大的鵝卵石上的微生物，吃掉污水當中的細菌，排出清潔的水，較傳統污水處理場經費低、而且維護成本低，因為只需要提供微生物氧氣即可，費用低、處理量大，過濾水的效率很高。

★ 周錫瑋帶著小學生檢測淨化後的河水，大家興味盎然的觀察水質變化。

而且礫間處理廠位於地下，上方可以蓋成礫間公園，成為縣民的休閒空間。而東南亞最大的江翠礫間公園營運之後，公園裡出現了很多釣客，因為他們發現原本污濁的水居然變清澈，不少魚兒悠游其間，一傳十、十傳百，大家都知道淡水河流域竟然有魚可釣。假日還可以看到不少白鷺鷥圍在水塘邊，釣客釣魚、鷺鷥抓魚，襯著藍天白雲與潺潺河水，這是過去完全想像不到的景象。

人工濕地則需要比較廣大面積的開放區域，透過附著在水生植物或泥巴上的生物膜中的微生物過濾水質，也是鳥類和魚類的天堂，不希望人類進入侵擾。

位於樹林的鹿角溪，原本是個垃圾場、長期堆滿廢棄物，經過清理，建造人工濕地的淨水設施，搭配原本的植栽，透過高低落差導引水源，以最自然的方式淨化水質，成了全台灣最棒的人工濕地，不必電力就可取水，還結合了自然環境，低維護、低操作，還吸引了許多鳥類在此棲息，成了賞鳥的新據點。

縣府人員發現其中有個野雁家族，鳥爸爸、鳥媽媽帶著三隻幼鳥在濕地裡築巢，牠們在濕地潛水、然後滑水起飛，這種自然之美，只要親眼看過一次，終身難忘。

隨著砂石場取締完成、污水截流工程完工，原本又髒又臭的河岸邊，河川的懸浮物含量從二〇〇六年的24000ppm，迅速降到100ppm以下。現在大漢溪的水質已經達到10ppm，這個數字在五年前看來是天方夜譚，但事在人為，我們真的完成了。

礫間公園及人工濕地完工，河畔一片新綠，長滿了水草與樹木植栽。蓊蓊鬱鬱，美不勝收。

回想這一路上的經歷，真的很辛苦，水利局的李局長工作壓力大到在會議中昏倒八次，緊急送醫急救。其中一次在醫院打點滴打到一半，他說，還有三百人等他開說明會，一定要離開，於是手上插著血管針的針頭，開完說明會，才回到醫院把剩下的半瓶點滴打完。

問李局長幹麼那麼拚命，他說，難得人生可以有這樣的機會，有權、有錢、有人，可以推行理想，還有信任自己的上級，當然要好好把握。而且他的太太也替他打氣，在他面臨黑道恐嚇的時候，非但沒膽怯，還鼓勵他不要怕，繼續做！

我們水利、環保方面的同仁做得辛苦，比較可惜的是水利建設很難取悅民眾，得到掌聲不多。但同仁說沒關係，因為他們最驕傲的一刻，就是帶著自己的孩子走在乾淨美麗的河堤旁，告訴他們，爸爸、媽媽就是在這個地方如何發現壞人破壞環境，如何埋伏佈局，一舉破獲，還給大家乾淨的大自然。

我深信，未來大家會看到有了一條美麗乾淨河川後，能讓一座城市變得多美好。也許，到時候會有人想起，曾有一個帶著傻勁的縣長與一群同樣充滿傻勁的公務員，解決了幾十年的河川污染沉痾，還給大家清澈的河水，以及河上閃耀的金光。

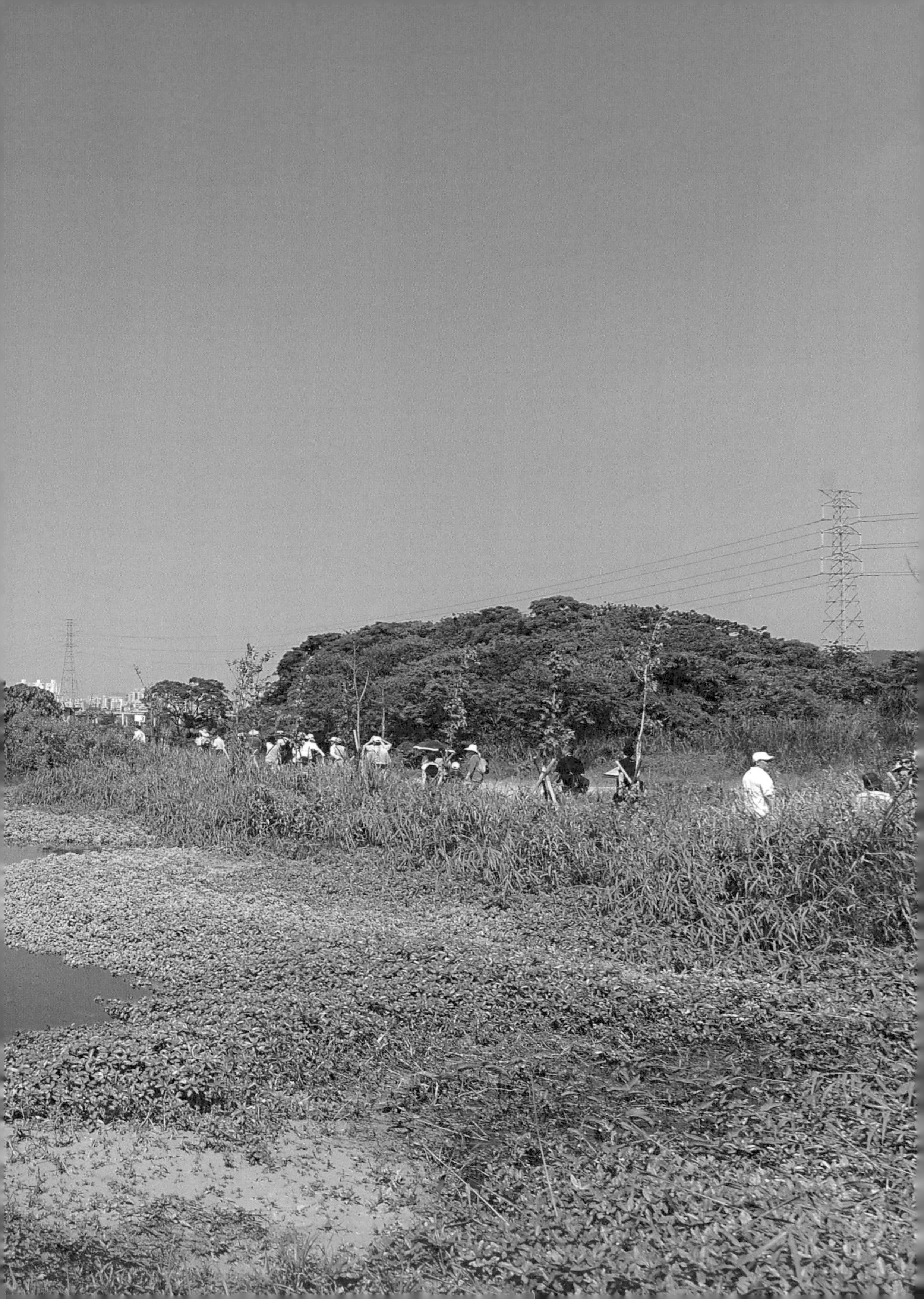

濕地常見白鷺鷥群聚，可盡情體會自然之趣。

充滿綠意的鹿角溪濕地，成了民眾休閒新去處。

一個都不能少

曾有媒體以「上山打老虎、下水抓泥鰍」形容我，認為我喜歡作秀、喜歡在鏡頭前面營造「能幹」的形象，真的是一場誤會，我只是比較在乎人命。

每次看到新聞中有人因為發生意外而過世，都讓我極度難受，如果當事人是台北縣民，除了立即詢問家屬是否需要協助，還希望能將每一條人命當做一次血淚教訓，務必不要重蹈覆轍。我希望每位縣民都能健康快樂的活著，一個都不能少。

堅持封溪，保民眾生命安全

像惡名昭彰的三峽大豹溪，每年暑假總會發生好幾起溺水意外，看到新聞裡死者家屬撫屍痛苦，相信每個人都感同身受。我問消防局局長黃德清，為何大豹溪每年不斷發生意外？

黃局長研究分析後告訴我，大豹溪流經之地異常陡峭，造成河道很不穩定，一場大雨沖刷，河道立刻產生變化，上週可能還算安全區域，一場颱風豪雨之後，河水捲動大石，在河床裡挖出個深溝，形成漩渦，就會危害生命。有些遊客自認水性好，又熟悉當地地形，反而大意喪命。

二〇〇八年那年夏天，大豹溪已經奪走許多寶貴人命，身為縣長，我責無旁貸，立刻宣布封溪，結果引來民意反彈。尤其附近的商家生意受到影響，罵聲不絕。

為了平息民怨，我親自到大豹溪現場對前來遊玩的旅客宣導政策，想讓更多人知道大豹溪的危險，請他們不要下水，結果還是遭受批評，說我只想作秀。

但無所謂，因為媒體愈批評，就愈多人知道大豹溪的危險，也更多人知道封溪的消息，轉到別處安全水域戲水。因此封溪後，整個夏天大豹溪的死亡人數沒有再增加。

一年後，當地商家透過民代陳情，表示並非整條大豹溪都是危險水域，希望可以搭配完善的救生設施適度開放，兼顧遊憩與安全。經過溝通，開了公聽會，在規劃完善的前提下，大豹溪又開放了，這回我們安排了四十多個救生站，動員兩百多人次擔任救生員，在管制時間之內、在安全水域範圍沒有發生意外。可是當救生員撤離，稽查員離開，還是傳出溺斃事件。

縣政的為難也就在此，如果按照規劃走，在安全範圍內活動，就不會枉送人命。但人性難測，總有人想試試看大豹溪是否真如傳說中危險，踰越了法令規定，發生意外，媒體又開始報導大豹溪是暗藏許多冤魂的溪流，多恐怖、多危險。而一年前大力調侃我「下水抓蛟龍」的媒體，也說「應該要封溪」，結論是生命安全遠比商機重要。

我心裡沒有任何先見之明的喜悅，只是心痛，為何，一定要失去寶貴生命，才能喚醒大家對於危險水域的重視？這代價太高也太不值得了。

做在「意外」之前

我們透過適當的限制，成功預防大豹溪發生意外，那其他的意外是否也可以防治？中文裡所謂「意外」，本意是無法預料到的不幸事件，但其實每年的意外死亡原因都不令人意外，多半是車禍、溺斃、瓦斯中毒。

如果是老問題，當然可以對症下藥，我覺得人命太寶貴，怎麼可以因為因循苟且而耗損？一個好的縣長，不只縣政要做的好，意外傷亡的人數也一定要少。

每失去一條人命，就代表著一個家庭的破碎，他們的家人、子女都會受到重大影響，如果能夠針對意外發生的原因對症下藥，就能挽救許多人命，是很大的功德。因此特別要求消防局檢視歷年來造成意外死亡的原因，提出整合性的對策，每週報告進度，務必讓意外死亡人數降到最低。

像車禍，我請交通局調查因車禍致死的主要路段以及原因，發現確實可以預防，因為不少機車騎士在環河道路上與汽車發生車禍，只要將汽機車徹底分道，就能避免相撞。等道路完成分道，果然車禍大幅減少。

像溺水，消防局發現歷年來冬天反而容易發生溺斃意外，因為釣客喜歡在冬天磯釣，這段期間魚多、易上鉤，北海岸失足溺死人數也最多，每年冬季總有十多位釣客被大浪捲入海中而死亡，還有資深義消為了救援落海釣客跟著賠上生命，讓人心痛不已。

我問消防局長能不能預防？他們找了釣魚協會的朋友開了幾次會，發現確實有對策，只要每位釣客都能穿上救生衣，落海就不會溺斃；頭戴安全帽，就能保護頭部不遭礁石撞擊；穿釘鞋，能防止因礁石濕滑落海。只要裝備齊全，就算意外落海，也能降低死亡的風險。我說：「好，就這麼做，預算我來找！」

北海岸雖然長，釣客喜歡釣魚的地點倒是固定在某幾個地方，我們在釣魚旺季每天早晚派人巡邏，若發現有人裝備不齊全就先勸導，讓釣客都知道磯釣必備三寶「救生衣、安全帽、釘鞋」，接著借他裝備，而且盯著他一定要穿上。此後，釣客個個裝備齊全，果然讓落海溺斃人數直線下降。

車禍可預防、溺斃可預防，天災雖然無法避免，還是可以讓傷亡人數降到最低。這幾年颱風不斷，但台北縣已經連續四年締造天然災害零死亡的紀錄，沒有人在颱風、水災中喪生。這很不容易，需要全盤規劃。

容易淹水的區域，只要抽水站運作正常，不太容易產生災害，因此我們嚴格要求抽水站人員的出勤率，只要稽查一次不到就開除，不接受任何藉口。過去啟動抽水站的雨量標準很高，經過與專家溝通，降低啟動抽水機的標準，早抽早安心，也有效降低淹水的風險。

看不到的地方往往更重要，台北縣境內的雨水下水道必須保持暢通，下豪大雨時才不會淹水，可惜有些民眾隨意將大型廢棄物丟入排水道，讓原本不應該發生水災的區域，因下水道阻塞而淹水。因此同仁們每隔一陣子就要「縱走」，將全長五百多公里的雨水下水道從頭到尾檢查一次，總會清出很多意想不到的廢棄物，像床墊、沙發，甚至連冰箱都找得到，讓人連連搖頭。

在這些努力之下，台北縣原本易淹水的區域共有九十八處，現在只剩下兩處，讓颱風災害降到最低。

此外火災、一氧化碳中毒也都可以預防，消防局同仁主動出擊，幫忙民眾檢查居家用火安全，甚至還幫沒有登記的數萬家違章工廠檢查防火設施，我們的理念是即使工廠非法設置，還是需要有安全設備，不然延燒起來都會波及無辜。

在種種努力之下，這幾年台北縣各種意外發生率與死亡率都顯著降低，我們還提供了充足的經費，訓練出高達一百五十位高級救護人員，人數居全國之冠。這些人員都接受了一千兩百八十小時的培訓，過去救護車上的救護員只能對病人進行人工呼吸，現在可以在緊要關頭幫病人插管、電擊、注射，大大提高急救後二十四小時的存活人數。

在公共安全的領域裡，各種統計數據看似冷冰冰，但數據後面都是無數條生命，以及無數個家庭。同仁們做得辛苦，卻特別有成就感，深深以自己的工作為榮。

為弱勢漁民爭取權益

二〇〇八年六月十日，台北縣籍的聯合號海釣船在釣魚台附近被日本艦艇撞沉，船長與釣客共十六人遭日本扣押。我得知何姓船長是台北縣縣民，船隻也登記在台北縣瑞芳區漁會，便極度關心後續發展。兩天後，釣客回到台灣，船長與輪機長等人仍遭日方扣押。

事發當時，船員機警的以手機錄影，為了怕日方扣留期間搜出、銷毀這段影像記錄，悄悄取出記憶卡，藏在釣魚冰箱當中，再交給同行人士祕密帶回台灣。我看過這段手機錄影畫面，詳細記錄下日本艦艇蓄意衝撞、一再相逼，並且以六十度角撞上海釣船船身的過程。知道內情後，我深感不平，日方行為根本就違反了國際法，於是在十二日陪著船長太太到日本交流協會抗議，要求日本政府放人，賠償、道歉。

但日本政府連二次大戰都不肯對台灣道歉，又豈會對釣魚台發生的沉船事故道歉？日本方面還表示海釣船蛇行，不肯禮讓大船，才導致撞船事故。

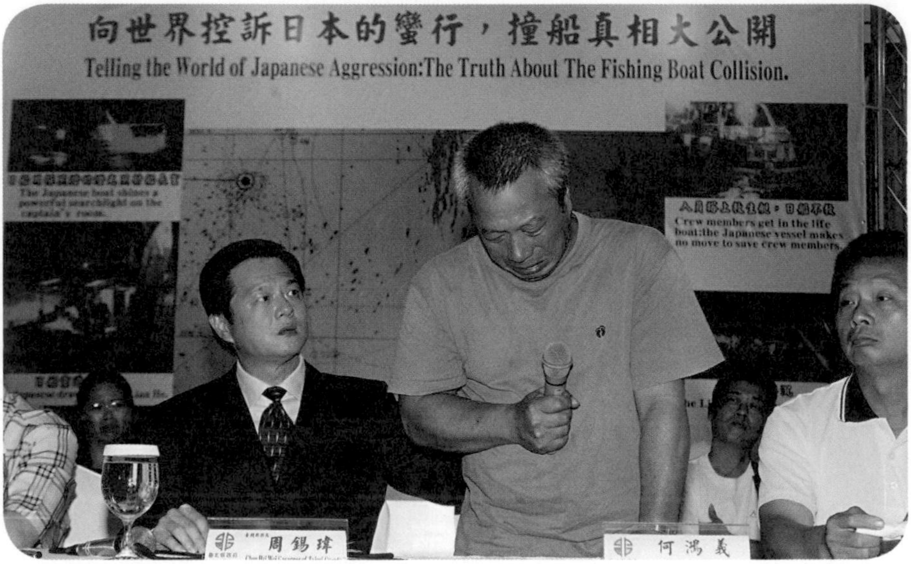

★2008年6月17日，聯合號船長陳述沉船事件的事發經過，聲淚俱下。

十三日船長與船員平安回到台灣之後，我決定由台北縣政府出錢出力，協助船長聘請律師，向日本索賠。十六日，我陪著船長、船員和釣客，帶著事發當時錄下的影像，召開中外記者會，說明事情的來龍去脈，讓媒體親眼看看真相，並要求日本負起賠償責任。

這起事件發生之後，我感受到漁民的無力感大部分來自政府，過去有許多漁民一遭扣留就是半年之久，也許台灣的外交處境很敏感微妙，但不應該任由負擔家計的漁民自生自滅。我知道外交部處理涉外事情多半圓融為上，可是船都撞沉了，圓融不能解決問題，得要拿出證據，就事論事。

★ 在縣府的協助下，船長的漁船及人生，都滿載希望的重新啟航。

日方一看到我們拿出現場錄影，還請國際媒體公論，自知理虧，二十號以日本海上保安本部的名義寫了道歉函、透過日本交流協會副代表向船長道歉，並表示願意賠償。船長在年底拿到賠償金、加上向朋友借款，打造了全新的海釣船「億順168」，二〇一〇年四月正式啟航，重新成為海上男兒。

身為縣長，我原本不必過問此事，因為涉外事務理應由外交部處理，但看到了船長的媽媽和太太求助無門的焦急，我沒有理由置身事外，必須協助她們喚起官方的注意、引起國際的重視。在我心中，任何人的生命財產安全都是重要的，也許他們只是沒什麼力量的小小市民，但只要同心協力，沒有做不成的事情。

可惜，媒體注意到的、甚至民眾記得的，是下面這些案例。

初衷屢遭誤解

二〇〇七年六月初，在林口開設牧場飼養牛羊的洪先生說，他養的羊被不明動物攻擊。清點後發現十隻羊死亡，兩隻羊受傷，現場血肉模糊，羊隻屍體殘缺不全，怵目驚心。

身為縣長，我決定立刻去現場坐鎮處理，同時請相關單位儘速調查咬死羊隻的到底是什麼動物。經過搜山，以及DNA比對，發現應該不是老虎。隔天牧場主人發現野狗來攻擊羊群，到此，確認咬死羊隻的不是老虎，而是野狗。

眾人安心之後，我反而成了被嘲諷的對象，真是始料未及。看著「上山打老虎」的相關報導，心中五味雜陳。我實在不懂媒體的邏輯，是認為我不應該存有保護縣民的心？還是認為我應該在縣府十八樓吹著冷氣，遙控下級單位就好，不需要到現場指揮調度？還是認為我應該研判那一定是野狗所為，根本不需理會這則「鄉野傳奇」。

萬一又傳說林口有老虎，身為縣長的我，依舊會採取同樣的決策，在最短的時間還給大家能安心居住的環境，而不需擔驚受怕。

另一起「抓泥鰍事件」則是徹底的誤解。當時為了向縣民介紹台北縣美麗的人工濕地已經整理完畢，特別舉辦了相關活動，包括邀請大家一起捉泥鰍。

隔天看報，環保局同仁和我當場傻眼，媒體「踢爆」我們故意放泥鰍在活動現場的濕地裡，說主辦單位聲稱這些泥鰍是人工濕地改善當地水質之後，當場捕捉到的野生泥鰍。

其實，我們是想藉由有趣的捉泥鰍大賽告訴縣民，人工濕地已經讓淡水河改頭換面了，鼓勵民眾可以到人工濕地騎自行車、散步、慢跑，親近大自然，從頭到尾，沒人說泥鰍是「土生土長」的。

一個簡單的童趣活動，卻成了媒體筆下的「大騙局」，讓辛苦工作的同仁心裡很難受。我看了更難受，不是因為有人懷疑我是騙子，而是心疼同仁這麼努力的為了環境保育、做了這麼多辛苦的工作後，卻被一句「下水抓泥鰍」給抹煞了。

記者也許認為，這樣製造出來的新聞，可讀性很高，周錫瑋愛作秀、又造假，多麼聳動！

但我還是相信日久見人心，萬一家人不幸發生急難，民眾會慶幸我們有全國最多的救護人員，會體會到政府對公共安全的積極作為。

因為人民的生命安全最重要，一個都不能少。

……節能減碳專家

一開始擔任縣長，我希望能讓台北縣變成一個美麗的地方，像歐洲一樣，有乾淨的街道、樹木遮蔭、鳥語花香。可以在河邊閒坐，或是談情說愛。

可是當時的台北縣卻不是這樣。台北縣距離台北市非常近，近到台北市民飲用來自台北縣翡翠水庫的水；台北市的污水，也由台北縣八里污水廠負責處理。

台北縣就像台北市的後院，但是比較髒亂、比較擁擠，而且污染嚴重。站在我們的垃圾山上，可以看到不遠處就是高聳、繁華的新光三越大樓。

長期以來，台北縣民就像二等公民，明明人口眾多，預算卻較少，什麼都不足。

過去的邏輯是，沒有稅收，就興建工業區來促進經濟發展，於是引進了更多高污染的工廠，離美麗的都市的願景愈來愈遠。

難道只能這樣下去嗎？台北縣能不能更美麗？更環保？

洛杉磯分享北縣整治河川經驗

讀了許多環保資料，發現世界上各大媒體、歐盟，以及重要的前瞻性城市經常提到「低碳」、「環保」、「永續發展」，我們的政府卻還熱衷於引進高污染的產業，等於是走回頭路。

目前台灣是國際上數一數二的太陽能電池製造地，卻很少人使用太陽能電池，歐洲的朋友說：「台灣人很奇怪，拚命製造太陽能電池外銷，自己卻還是使用高污染的傳統能源。」原來在台灣提倡環保，是為了賺錢。

環保是一種大家都聽過、卻說不清的模糊概念。我喜歡問：「為什麼要多種樹？為什麼要做環保？」

大家多半講不出個所以然，因為環保在台灣、甚至在全球，還是比較像一種時尚，而不是一個信仰。

《世界又熱又平又擠》的作者、《紐約時報》專欄作家佛里曼（Thomas L. Friedman）說，環保絕非時尚，不是掛在嘴上說說就能改變地球，得要實際做出改變，才能扭轉地球暖化的命運。

以水為例，過去人類弄髒了河水，又不負責任的讓髒污的河水直接排放到大海，一路污染環境。

有些比較重視環保的區域，把髒水用管線截流、在正常的水道旁邊暗埋廢水管，最後污水還是排進大海。

但這個做法有個小問題，通常上游的乾淨水源很珍貴，因為民生、工業都要用水，早早用水庫攔截，待日後需索；中段產生的廢水，則用截流管線另闢管道排除。那麼，乾淨的水接走了，骯髒的水截走了，河川根本沒有水。一旦河床乾涸，嚴重影響原本仰賴河流的自然生態。

美國洛杉磯郡郡長安托諾維奇（Michael D. Antonovich）跟我談到他們面臨的問題：加州一直缺水，南北加州共用水源，但現在北加州發現了一種數量稀少的珍貴小魚，假使水量不足，小魚就會面臨絕種，因此，他們決定救小魚。做法是減少對南加州的供水量，對當地民生、工業都是很嚴重的影響。

這些珍稀小魚代表地球生物的息息相關，所謂永續，就是生生不息，小魚可以生存、人類可以生存、地球也可以生存。

乾淨的水有多重要？水裡涵養了大量的二氧化碳，是大氣層的五十倍之多，水裡有藻類、菌類，當水質健全時，可以大量儲存二氧化碳、製造氧氣。萬一水污濁到藻類菌類都無法生存，將會放出大量的二氧化碳，地球會無法生存。

而我們種樹，不光是製造綠意，樹能吸收二氧化碳，製造氧氣。一旦樹死了，不僅停止製造氧氣，樹皮裡的二氧化碳也將大量釋放出來。

★2009年1月12日，周錫瑋獲頒「第一屆遠見雜誌環境英雄獎」，由副總統蕭萬長頒發獎座。

北極冰原融化，為何科學家那麼在意？因為冰原融化之後，又釋放了二氧化碳，讓地球上的生物更難以生存。

整治河川，除了讓環境乾淨、美觀，以及維持生態的平衡，乾淨的河川也可以吸收二氧化碳，釋放氧氣。用濕地過濾污水、再將潔淨的水送回河裡，河中的生態恢復了，可以吸收更多二氧化碳、製造更多氧氣，同時讓大自然自體循環，達到永續。

美國副總統高爾提出了溫室效應的「問題」，而我們提出了「解藥」。

洛杉磯郡郡長看到台北縣的濕地經驗、礫間經驗，假使南加州設置人工濕地淨化污水，將可紓緩水源北移後供水量不足，以及沙漠化日趨嚴重的壓力。他立刻邀請我到南加大舉辦專題講座，分享台北縣的具體作為，希望借鏡北縣經驗，解決加州燃眉之急。

其實地球上的任何危機都不是單獨存在，因為地球暖化是集體現象，不會只發生在別人家的後院。

我相信，未來國家的疆界會愈來愈小，經濟實體會愈來愈明顯。歐盟已經靠著經濟

★ 2009年1月12日，周錫瑋與《紐約時報》專欄作家佛里曼在台北國際會議中心，針對環保議題交換意見。

力量團結起來，勇敢面對現實，知道務實才能幫人民謀福利。連世仇德國與法國的內閣都可以聚在一起，一年開兩次會，攜手解決其他歐盟國家的經濟債務，因為他們知道隔壁鄰居失火，自家也會跟著遭殃；隔壁淹大水，自家不會倖免於難。

歐盟還積極發展替代能源，不論是太陽能或風力發電，都領先美國。美國至今仍然強烈依賴石油，一旦能源市場翻轉，美國將失去經濟盟主的寶座。

我希望累積節能減碳的實際經驗，將來在全球推廣環保、永續、低碳的做法。

首創低碳旅遊景點

雪山隧道開通之後，坪林鄉長王潮清愁眉苦臉的說，遊客全跑光了，大家寧可在隧道前端塞兩個小時的車，也不肯離開車陣，下車看看坪林的好山好水。王鄉長說：「雪山隧道通車之前，每個月平均有八千輛車經過坪林，一通車，只剩下兩成的量。」我說：「你覺得能怎麼做？我支持你。」縣府給了坪林鄉兩百萬元經費，並邀集大家一起想辦法。

王鄉長是定居在坪林的第四代子弟，從小，他就看著大學生來坪林郊遊烤肉。這裡是水源保護區，從民國七十年起禁建，近三十年來沒什麼變化，人口少，商家也不多，但過路客一下子掉了八成，讓地方人士叫苦連天。

鑒於坪林的自然景觀非常豐富，我們決定逆勢操作，將坪林規劃為全國第一個「低碳旅遊景點」，不鼓勵大家自行開車前往，最好是搭公車、騎自行車。

我們將坪林規劃為週三、週末的低碳旅遊景點，通常遊客會製造二十三公斤的二氧化碳，但透過接駁車、電動車、自行車及步行，加上在當地製作的食物，這樣的低碳旅遊只製造了四．五五公斤的二氧化碳。對遊客來說，能玩得開心還能減少碳排放量，又能認識原始生態，是很新奇的體驗。

一開始提倡低碳旅遊，鄉長苦著臉說，坪林已經快沒落了，如果還不准車子駛入、不准唱卡拉ＯＫ，規矩那麼多，遊客一定會跑光。但已經到了山窮水盡的地步，必須放手一搏。

首先，讓金瓜寮溪成為低碳旅遊的示範區域，規劃密集的免費接駁公車、載著遊客進入金瓜寮溪賞蕨、觀魚路線，建立志工制度、訓練導覽解說人員，遊客能跟著志工走走看看，一方面讓遊客透過旅遊增長見聞，也讓在地人與土地更親近。

許多遊客說，他們從沒看過任何一條溪裡有這麼多活蹦亂跳的魚，而且不怕人。因為整條金瓜寮溪都封溪護魚，才能如此生意盎然。

在這裡，遊客能聽當地老人家唱山歌，認識路邊的蕨類，品味在地栽種、採摘、烘焙的東方美人茶或文山包種茶。遊客搭公車、騎自行車或坐電動車到坪林，不必擔心找不到停車位，玩得更愉快，還為當地鄉民創造就業機會。

★ 金瓜寮溪沿岸設計了自行車步道，騎車時有潺潺流水相伴，可以欣賞魚兒悠游其中；騎累了，不妨下車走走，與大自然更親近。

不久，鄉長又來找我們，表示坪林已經復甦了。從二〇〇七年底開始，到二〇一〇年九月，遊客人次已經累積到三十萬人。做出口碑後，觀光人數穩定成長，光是二〇一〇年七月，就創下單月吸引了二萬三千名遊客專程造訪坪林的紀錄。

二〇〇七年世界茶葉博覽會上，坪林的包種茶從全世界二十五個國家的一百五十個樣品中脫穎而出，得到茶王首獎。不少遊客一喝成主顧，一年專程回來兩次，購買春茶與冬茶。鄉長估算，這些死忠客不必多，只要有一千位愛上包種

茶，一年兩季，就能創下一億五千萬元以上的業績。

坪林的餐飲小店過去做過路客生意，沒有特色，鄉長希望店家轉型，起初店家不願配合，但在專家針對坪林的茶葉特色規劃出「茶餐」後，許多觀光客專程前來吃特色茶餐，讓傳統店家也開始採納專家意見，加強行銷、包裝。他們發現只要認真經營，就有機會變成美食名店，讓原本只是因路過而隨意進來用餐的客人，變成專程前來打牙祭的饕客，生意明顯有了起色。

後來其他縣市聽說這項坪林奇蹟，都來觀摩「低碳旅遊」的概念，連大陸的上海市長、南京市長來台灣，都親自到坪林考察，其他鄉鎮長努力推動城市外交可能吃力不討好，坪林這個人口稀少的小地方，反而靠著低碳，獲得外界青睞。

我參加哥本哈根論壇時，也以坪林為例，說明我們正在推動以低碳為主題的旅遊，結合了公共運輸、電動車，以及生態導覽，強調旅遊不但不必造成地球負擔，還能宣導環保理念，更讓一個瀕臨生存危機的小鎮得到重生的機會。現場的市長們聽了都很有興趣，認為這應該是未來的趨勢之一。

環保不只是觀念，也是一大商機，只要做出特色，小地方靠著減少碳排放，也能有站上國際舞台的競爭力。

……言之有物就能行遍天下

當年申請國外研究所，發現英文很重要，但自己的英文不夠好。痛定思痛，決定加強英文能力。

接下來我就與英文結下不解之緣，當兵的時候，邊站衛兵邊背單字；在國外念書，每天用英文溝通。回國後，進入外商公司工作，每天都要讀英文報紙、看英語新聞。

同仁們都知道從早到晚都是我的英文時段，每天清晨五點邊運動邊聽四十五分鐘的英語新聞，也許是CNN，也許是BBC，隨後上網看看當天的國際新聞，甚至在洗手間裡放的也是英文書，也會按時收看英語新聞。

我習慣運動時聽英文廣播，吃飯時看英文雜誌，坐車時聽兒子幫忙轉錄到ipod的紐約雜誌等節目。

有人說自己的工作太忙，根本沒有空學習新事物，我的祕訣是把握零碎時間，搭電梯、舉啞鈴、開會的空檔，都可以拿本英文雜誌讀個兩頁，積少成多，很快就讀完了一整本。

善用零碎時間讀英文、練身體

十多歲的時候，我立志將來要當個學養很好的人，開始工作之後，發現這個目標不容易，因為新知太多、知識更新的速度太快，想要在社會上立足，需要大量知識當後盾。

擔任立委期間，天天都要在某個專業委員會上質詢高級官員，他們能列席備詢，都是國內相關領域數一數二的專家，如果不能跟他們以專業語言對話，很快就暴露自己的貧乏。因此，我在幕僚的協助下，大量吸收資訊，不管是國防、內政、經濟、司法，都加以涉獵，短期累積大量基礎知識後，才能往上堆疊。藉此看清問題之所在，並提出自己的觀點。

擔任縣長之後，更發現自己對於許多「基礎知識」是無知的。談環保，我從沒想過一條河川該怎麼整治；論教育，我也不知道現在國小在教什麼、幾歲開始學英文。

縣長必須理解許多關鍵問題，才能對縣政做出正確決策，時間管理顯得更重要。若能好好運用零散的時間，也能發揮很大的效果。這段時間雖然忙，卻很有收穫，也是讀

★ 每天趁著空檔舉舉啞鈴，讓周錫瑋保持健壯的體態。

書讀最多、運動最規律的時候。

在縣長任內，我每天中午的休息時間約有四十五分鐘，其中十五分鐘運動，邊運動邊看書。晚上回家也會花二十五分鐘運動一下。中午的運動內容必須要涵蓋全身，如果今天練二頭肌、明天就做背肌訓練，必須要讓全身肌肉都鍛練到。而邊運動、邊看英文新聞，已經成了我的習慣。

我還常常與首長們分享自己讀到的文章，像講到低碳環保，別的國家怎麼打造永續城市？他們的理念是什麼？哥本哈根希望未來的城市是「十五分鐘」，食衣住行育樂都在十五分鐘可達的地方完成，上班、飲食來源，都繞著十五分鐘車程的範圍，才是真正的節能減碳。

而我們的都市規劃還留在住商分離的想法中，認為住宅歸住宅、商業歸商業，不要混合，才是進步。但現在國際間的新觀念已經徹底翻轉，這些新的想法、新的概念，都是新知，需要主動接觸學習。當然也不能什麼都直接套用，還要加以消化、研析，轉化為適用的概念。直接閱讀英文的文獻、報導，就能掌握第一手的國際脈動。

記得在一個活動場合，錢復先生看到我，轉達他的夫人在電視新聞裡看到我用英文跟外賓演講，稱讚我的英文很好。

當下我回答：「報告院長，我是混口飯吃。」

錢復先生露出了困惑的表情，我來不及解釋清楚這個「冷笑話」的來龍去脈，深感過意不去。

我會回答錢復先生「混口飯吃」，因為流利的英文是縣長工作上必備的能力，就像銷售員必須要有好口才。可惜說得太快、轉太多彎，反而對錢復先生失禮了。我覺得現代都市的首長不能忙著討好選民，必須要有能力、有見地，走到國外面對外國友邦，能夠暢談國際關心的話題，而國際關心的當然不是藍綠鬥爭，而是國際局勢，所以必須有良好的英文能力，才能切合時事並言之有物。

當大家談起最近國際要聞，諸如冰島的火山問題、南北韓問題，不能光說：「yes, you are right.」「嗯哼！」得要發表意見。當然，台灣的新聞台都報導了這些消息，但篇幅不夠，直接閱讀外國新聞，才能以不同角度、深度來觀察世界局勢，也才知道該用哪些英文字彙說明。

與國際直接對話

當政府首長卻不會說英文，有時候會備受冷落。二〇〇九年十二月，我參加哥本哈根氣候變遷會議，以台灣的國際地位，根本無法以國家名義參加，但是我急切的想與國際交換節能減碳的經驗，所以主動報名、積極參與。

丹麥在北歐，十二月大冷天、地上有厚厚積雪，到了會場，我們在報到處前排隊等著領取相關證件，等了很久，排隊的長龍卻文風不動。

★ 2009年12月25日，周錫瑋在哥本哈根氣候變遷會議的圓桌論壇，與倫敦市長交流。

本來以為歐洲應該比台灣先進，沒想到辦事效率這麼差，這段期間所有等待進場的來賓都不知道發生了什麼事，詢問主辦單位也不說明，報到處的鐵門甚至拉了下來，很多人都打退堂鼓離開了。

同仁問：「怎麼辦？」我說：「繼續等下去，因為，這個會議很重要。」

我們就這樣在暴風雪的戶外站著排隊，足足等了九小時。我說，我們就賭他一定會開門。

這個阻礙對我來說，一點都不是問題，況且他們不是針對台灣才特別刁難，而是整體效率本來就非常低落，就當做鍛鍊耐力吧！

後來註冊處果然重開，我們順利進入會場，而我也在會議當中積極發言。甚至爭取到與雪梨、威靈頓、赫爾辛基、哥本哈根、里昂、京都等六個城市市長的對談機會，大家移師市政府會議廳舉行市長高峰會，一對一的對談，交換的不是高來高去的理論，而是非常實際的做法。

高峰會有口譯、但沒人有耐心等口譯說完，每位市長都想直接對話，因此包含我在內的七位市長，都用英文直接交談，有機會就舉手，有機會就講話，對方覺得這個國家的經驗很好，就會特別注意。我特別提出台北縣在坪林發展「低碳旅遊」大受遊客歡迎的經驗，市長們都覺得這種「低碳旅遊」的做法很有意思。

比較可惜的是，簽訂「京都議定書」的京都市長應該有很多經驗可以分享，但他不諳英語，想等口譯，但翻譯期間我們早已談到其他議題去了，後來他只能安靜的聽大家談話。在國際會議上，有能力就發言，沒有能力，註定要被忽略。

這次會議事後看起來很幸運，讓台北縣順利與國際社會交上朋友，其實事前我們做了很多準備功夫，出發前早就寄信給對方，希望能跟對方討論這些議題，而且主動串連城市首長來談我們都感興趣的題目。敢來參加聚會的市長，都很自負、對於自己的城市侃侃而談，效果很好。

台灣在國際上要透過中央政府做外交，必定面臨種種限制，但若透過城市做外交，便能有切入的空間。後來我也邀請這些外國城市的市長有機會來台北縣看看，他們也都對我們的礫間、濕地與低碳旅遊表示了高度興趣。

沒有人想跟什麼都不懂的人打交道，城市之間也是如此。一個小城市，只要做出特色，還是可以在國際社會上找到自己的定位。

……孩子是我的心靈導師

我很喜歡透過眼睛看世界，從小喜歡看書，看漫畫，現在多半都看新聞節目或是科技節目。出國也是到處看看，引發很多想法。

看，很重要，但不光是視覺上的刺激，還要進行腦力激盪。我到了國外，曾觀察每一個細節，例如，看著一條馬路，會想為何要這樣規劃？馬路的寬度為何設計得這麼寬？自行車道怎麼安排？每個國家都有不同的系統，我很喜歡研究這些系統背後反應的世界觀。

路上的人更好看了，每個國家的人表情都不同，從小孩的神情，可以完全看出他的內心世界。

我著魔似的觀察各地孩子的一舉一動，奇妙的是，孩子就像世界的一扇窗，可以看得出這個國家的概況、可以看出養育他的家人的思維，以及他背後那幾千幾百年的文化。

A&FITCH
1ST DIVISION
ATHLETICS
NY

★ 看到孩子像天使般的純真笑容，總讓周錫瑋忍不住嘴角上揚，心情也跟著飛揚起來。

太太常笑我，看到小孩就眉開眼笑，不光對自己的小孩如此，在路上看到任何人的孩子，都笑得眉眼彎彎，怎麼有人這麼愛小孩！

同仁也說，我跟孩子的互動很奇特，好像我跟孩子才是一國的，沒看過這麼喜歡孩子的成年人。

透過孩子一張張稚氣的臉龐，說出了許多故事。小孩愛恨分明，有喜歡的事情，有不喜歡的事情，他們的行為毫不矯飾，只要花點時間跟他們相處，就可以透過他們的童言童語，看到各種趣味。

愛心教養院裡有很多我的好「麻吉」，他們年紀比我小三、四十歲，雖然身障，但樂天開朗，比我堅強。太太曾跟著他們上陶藝課，回來跟我敍述上課的點點滴滴，好有意思。等我親眼看到他們的作品，更是驚豔，每一件都有很特別的生命力。聽他們述說如何用腳拉胚、上色，我說：「你們都是我的偶像。」每年我都幫這群小偶像開「生命之美」陶藝展，讓更多人欣賞他們的作品。

這群孩子像住在我心中的天使，當外界給我很多打擊與壓力，讓我感到挫敗時，他們堅強的模樣與天真的笑容總能鼓勵我，如果這群小小年紀的孩子都能微笑接受身體上的限制、甚至病痛的折磨，我這麼大個兒，有什麼好傷心的！有他們當後盾，任何打擊，我都能勇敢面對。

在國外遇到的孩子，也常讓我會心一笑。到哥本哈根開全球氣候變遷會議時，在寒冷的北歐冬天，看到對街有三位老師帶著一群幼稚園孩子過馬路，個個穿著厚厚的冬衣、看起來圓滾滾的，他們走過積雪的街道，我跟他們揮手，有些孩子會揮手回應，有些則害羞得不肯回應。

我的兩個兒子行為模式也不同，大兒子跟爺爺奶奶住到一歲半，爺奶疼孫，照顧得無微不至，餵飯送水、跟前跟後，吃一口飯可以哀求三次，外加威脅利誘。

小兒子則是我們夫妻自己帶，我們的教養方法是希望培養孩子的獨立性，從他可以自己手抓食物開始，就給小兒子一張餐椅，一個小塑膠碗、湯匙，我們吃飯時，他坐在隔一段距離遠的兒童餐椅上、自己吃，不餵食，我們不管他吃得乾不乾淨，餐桌禮儀好不好。他一吃完、就把碗丟到地上。等聽到塑膠碗掉到地上的「叩叩叩」聲音，就知道孩子吃飽了。

孩子會自己想辦法把碗裡的食物吃光，一開始用手抓、後來學著用餐具，很順利的養成自己用餐的習慣，從小就很獨立。長大之後發現，教養方式不同，老大、老二的個性確實不太一樣。

養育孩子的過程中，我們也研究了行為學，發現在夫妻關係、在職場關係、在各種人際關係中都適用。人各有天性，但也都有彈性，有時斤斤計較反而得到的少，付出多的，未必吃虧。

任何關係都一樣，多付出、多參與，就會更有收穫，像現在許多人在正職工作之

★勇敢面對病痛的小鬥士，鼓舞著周錫瑋從逆境中奮起。

餘，還抽時間擔任志工，就是體會到了從付出中得到的快樂。愈付出、愈參與，就愈想把事情做得更好。

成人與孩子最大的差別，在於孩子把自己的需求放在第一位，成人則知道不光是滿足自己的需求就夠了。

能夠隨時保持童心，但又成熟到樂意付出，就會讓世界更好。

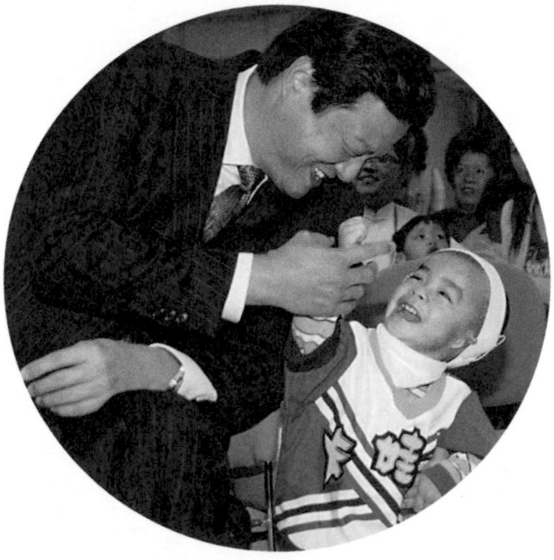

……細膩體貼

在縣長任內做事，我發現，不能夠光想法律上可不可行、預算夠不夠、會不會為自己加分。

應該要想清楚，我想不想讓這件事發生？想不想改變現況？該怎麼做才能讓世界更美好？

二〇〇九年十月，我還記得是某個星期五晚上十點，看了當晚的新聞後，覺得很不安，那時是雷曼連動債的前期，全球還沒察覺到一場金融風暴即將來襲，但這段期間的新聞看起來暗潮洶湧。美國的狀況很不好，代表亞洲也即將受到影響。

那天晚上，我打電話給民政局、社會局、教育局的主管，要他們提前因應失業潮的來臨，不單協助失業者，還要考慮到如何照顧他們的家庭。

隔天是星期六，這三位局長雖然懷疑，失業潮真會這麼嚴重嗎？但也迅速研議出

「失業家庭」的概念，整合局室，從心理輔導、經濟來源、媒合工作等角度，提出了「新希望關懷中心」的想法，不只關懷失業者、也關心失業家庭孩子的就學問題，希望家長失業不要影響到孩子的就學，不要因為交不出學費或食宿費而讓孩子受苦。

方案出爐的一個月之後，失業率就從三開始飆升，失業潮迅速席捲全球，台灣也不能倖免。

「新希望關懷中心」助失業者度過難關

過去失業者要一關一關找補助，對失業者來說，失業已經很痛苦，還要應付這麼多機關、這麼多表格、這麼多手續，打擊更大。「新希望關懷中心」讓失業者一次取得所有資訊，辦好所有手續，由縣府部門統合。

此外，失業者可在同一地點申請子女就學補助，我相信天下父母除非走投無路，不然，肯定不會讓孩子忍飢挨餓，由政府主動支付孩子的營養午餐費用，讓家長安心，想辦法度過這段低潮。

但籌設一個新窗口需要經費、需要人力。我說：「經費我來籌，要馬上開張，因為失業人口已經愈來愈多。」其實，我也不知道該去哪找預算，但所謂有「心」就有「力」，發心之後，很快真有錢從天上掉下來，公益彩券當年銷售量好，有盈餘，縣府可以分配其中的社福回饋金，我們立刻提到議會，請議會允許動用這筆預算。

很多人都不看好這項計畫，畢竟政府財務吃緊，何況這又是一筆三．五億元的支出。但集合眾人的心願，議員也大力支持，很快的錢有了、人也有了，在失業率攀升的二〇一〇年一月，「新希望關懷中心」正式掛牌開張。

名為「新希望關懷中心」，因為我希望失業者不要自貼標籤，失業是暫時的，來這裡找到新希望，下一站就是幸福。

整個中心的設計特別用心、細膩。我畫畫，知道色彩會反應出內心感受，也會影響情緒，所以「新希望關懷中心」的設計採用明亮色彩，家具陳設也一改政府機關鐵櫃、書桌的冰冷氣息，採用色彩活潑、圓弧造型、符合人體工學的設計，還在其中設置點心區，準備些麵包、水果，讓可能正餓著肚子的失業者補充營養。

「新希望關懷中心」所在樓層，正好面對縣府最漂亮的風景，希望失業者來到這裡，可以放鬆心情、打起精神，重新出發。

中央機關看到了縣府的「新希望關懷中心」，覺得協助失業的做法具體有效，便邀請我們到中央報告，將這個做法推廣到其他縣市，一同協助失業者度過難關。

很多事情如果能夠提早設想，就能讓需要的人覺得貼心。

★ 遲緩兒可在「兒童健康發展中心」獲得適當的治療。

★ 2009年3月31日，「新希望關懷中心」啟動，幫助失業者度過難關。

「兒童健康發展中心」讓遲緩兒及早治療

我很關心孩子，每次看到有遲緩兒的家庭，都很捨不得，因為發育遲緩的孩子若能早發現、早治療，成效都很好。可惜還是有些家長沒注意到，或以為自己孩子只是大雞晚啼，錯過了早期治療的黃金期。我很想為遲緩兒盡點心力，希望在孩子長大的過程中，政府可以幫忙發現問題，提供協助。

把想法提出之後，縣府成立了「兒童健康發展中心」，結合戶政、教育、社福單位，從孩子一出生報戶口開始，追蹤孩子的成長狀況，如果發現了遲緩兒，會以個案為中心，透過「兒童健康發展中心」提供一條鞭的協助。

以個案為中心，對政府的官僚體系來說，是個突破性的創意。

過去，家長必須帶著孩子跑三個地方辦理

★「幸福晨飽」計畫，讓孩子吃過早餐，活力十足去上學。

相關補助、早療、日後就學的手續，等於孩子受苦、家長受累，而且上班族還需要 次又一次向工作單位請假才能辦理。現在，只要到「兒童健康發展中心」，社工會整合治療及補助方案，讓家長不必到處奔波，可以專注在協助孩子發展，對他們的治療效果有正面幫助。

「兒童健康發展中心」成立後，人大提高嬰兒出生後到三歲主動篩檢的比例，讓更多遲緩兒能夠得到早期治療。

「社會重建中心」領街友重回正常生活

台北縣位於台北市的外圍，有許多人從外地來台北打拚，都住在台北縣，但也有不少遊民在大都市裡無法過活，退居在北縣的角落。

很多人覺得遊民既然已經放棄了自己原本的生活，寧願住在街上當街友，那一定無可救藥。而且法律規定不能禁止遊民住在街上。但，還是該拉他們一把，讓他們試著回到社會上，自食其力。

我經常跟著社會局探視街友，並且在萬里設立了「社會重建中心」，不只供應些街友吃喝、幫他們洗澡、剪頭髮，還讓他們慢慢回到社會的責任分工中。

一開始，連設置「社會重建中心」的地點都找不到，因為居民多半不樂意看到這樣的社福機構在自家附近設立，擔心影響治安也影響房價。但我們安排街友先幫社區的忙，淨灘、陪伴老人，居民逐漸接受了街友。

後來我們幫街友開了芳香花草班等各種課程，讓他們開墾荒地、種植香草，還製作了手工皂來販賣。當他們浸潤在植物的香氣中，還學會了技藝，恢復正常生活，就比較不容易回到街上。

我對同仁說，對街友最大的協助，就是幫他們找到希望。這不是我們可以強塞給他們的，要他們透過工作、透過與人接觸，自己建立起對未來的信心。

不少街友都說他們在「社會重建中心」得到關懷，這是他們的家人基於種種理由，或是一再失望後，所停止給予的。當然，有些人在重建中心學習一技之長，信心滿滿的重返社會，又因為酗酒，或某些原因敗下陣來，但我與志工們都相信人有無限可能，還是接納他們，鼓勵他們到「社會重建中心」再試試看。

人生就是這樣，高低起伏，沒有一段生命是平靜無波的。政府的角色是提供一個安全網，接住街友，讓他們不要繼續淪落。

我常對社會局局長李麗圳及社會局同仁說，社會福利就像一塊浮木，能夠讓危機邊緣的人稍微喘息，但社福工作吃力不討好，若有一千個個案受到照顧，但只要一個漏接，社會局就會成為眾矢之的。因此我特別心疼社會局的同仁，要他們在低潮中繼續努力。

具體的協助是，我負責找錢，社福預算不能省。只要提出完整規劃，即使台北縣財務吃緊，但我寧可停辦大型活動，也要照顧弱勢。

我們何其有幸，可以站上第一線、體會助人的快樂，真的應該要惜福。

PART 3

我讓這個城市……

★ 打造適宜人居的美麗新北市。

夢想成真

二〇〇五年十二月二十日，是我擔任台北縣長的第一天，各局處室首長展開會報，我聽完頭暈目眩，因為縣政複雜得難以想像。

幾年後，同仁告訴我，我第一天上任發表的願景，同樣也讓他們頭昏腦脹，因為，他們覺得來了個不切實際的長官，種種想法都讓他們不以為然。

我當時的願景是讓台北縣升格。不可能！三十年都推不動了。

整治淡水河？不可能！都已經髒了幾十年了。

國小實行英語活化教育？不可能！台北、高雄、香港都做不到，而且根本沒經費，上哪找二十億元？還有，全國教師會的成員鐵定會上街頭抗議。

開闢人工濕地、礫間污水處理？那是什麼東東？怎麼可能？

讓台北縣成為全國最乾淨的城市？縣長，你的頭殼壞了嗎？

打造五星級公廁?是五星級的笑話吧!

同仁說，當初看我畫這些大餅，覺得我搞不清楚狀況，但既然我是縣長，他們也不好當面潑冷水、唱反調，但都等著看我怎麼收場。

我知道同仁們的態度，也知道自己有著浪漫的性格，總想要推動一些不可能的夢想。我的夢想很單純，想讓這個城市變得乾淨、美麗、充滿自然風情。想讓這裡花團錦簇、有鳥兒飛翔，有魚兒悠游。

有夢想，是很美，但不能天天希望相隨，得要努力實現才行。所以從上任第一天開始，我就堅定的朝著自己想去的方向前進，相信有一天，同仁會發現我是認真執著的實踐夢想，進而帶領大家一起圓夢。

讓同仁愛上工作

當時我接到的是一個年度離職率高達百分之二十五的團隊，我問同仁，為何離職率這麼高?同仁說，過去的工作量大、壓力大，而且沒有更高的目標足以追求，升遷的機會又少，很容易倦怠。

我半開玩笑的說，如果以後離職率還是持續這麼高，等我做完四年任期，剛剛好所有人都離開了。

親自上陣後，發現要管理一整個縣的縣務，真的很辛苦，而最辛苦的不是工作本身，而是付出再多、還是不斷受到外界惡評的打擊，內心更苦。

簡單的說，從上任第一天開始，五年來的每一天都是重大考驗，這五年，可說是我人生最苦的五年。

後來我苦中作樂的說，這都是必經的苦難，是躲不開的責任，可能是我當省議員、立委期間質詢太兇、口業造太多，就當做是現世報，來還債的吧！

如果不想大家都痛苦，那就要從根本解決困境。我認為關鍵在於改善「企業文化」。

政府也像公司，每個員工原本就是不同的人，有不同的想法、不同的動機、不同的理由留在公司裡，但如果每個人目標不同，公司會散掉而沒有力量。員工想離職，多半也是覺得

★讓這個城市變得乾淨、美麗的夢想，逐漸成真。

自己在這家公司沒有發展，沒有前途。

如果經過企業文化的洗禮，大家有了近似的目標，有了共同的願景，就能凝聚力量，遇到挫折時不容易氣餒，可以相互打氣、愈挫愈勇。與一群志同道合的人合作，做事的感覺會完全不同。

因此，一個好的領導者，一定也是好的教育家，要能提振士氣、激勵人心。所以我必須要拉高目標，帶著同仁們一起做夢，有了共同的目標，才可能榮辱與共。

有些主管習慣威權領導，每個屬下見到他，都要畢恭畢敬，任何細節都要安排得完美無瑕，稍有閃失，必定當面責備，好讓屬下牢牢記住羞恥感，不貳過。結果是所有人都怕他，一聽到主管來，就緊張得全身汗毛豎起，腎上腺素與心跳都破表，恨不得躲得遠遠的。我不懂，這樣怎麼可能做好事情？

對任何人都應該尊重，與同仁談事情，我會請大家坐下談，這是民代時期培養的習慣。我提出目標，請每個人從自己的專業立場提出顧慮、研商可能的問題以及解決方法，一一說清楚、講明白。

尊重別人是很重要的，適時給予打氣、鼓勵，有任何問題、質疑都當面說清楚。過去跨部門合作很困難，因為彼此立場不同，難免會有心結，我讓主管們先行溝通，想出大家都能接受的方案，我再加入一起商談，就能減少阻力。

當然，這段改革之路必定遇到困難。尤其過去由不同政黨執政、理念不同，但我做事情不問黨派、只問執行率，慢慢磨合，縣府員工的工作並沒有比較輕鬆，但離職率大幅下降，這五年來已經從百分之二十五的高峰，降到百分之七左右。這應該是員工用腳投票，透過這個方式告訴我，他們還挺喜歡現在的工作環境。

形塑城市美學

我發現，經由跨部門合作，組織內部開始凝聚力量，各部門不再自掃門前雪，對彼此的業務愈了解，就愈能互相體諒。

例如，管理文化事業的文化局局長知道治理河川所面臨的困難，因為他們也加入了會議，我認為，治理河川不光是水利局或環保局或農業局的事情，當河川整治好，河岸將成為休閒活動的場所，就該由文化局介入，帶進文化與藝術。

這幾年新店碧潭兩岸經過整理，拆除了原有破舊、毫無美感的商家。拆除過程引來不少抗議，但隨著新建工程結束，新的商家進駐，民眾都覺得碧潭變美了，在河邊散步，不再像過去那樣，好像經過違章建築般窘迫，而是漫步在美景當中。許多藝文團體到此表演，還有來自國外的表演團體把整個碧潭當作舞台，穿梭人群之中演出，讓觀眾驚喜連連。

未來，還會在河畔置放藝術品，讓新店溪、淡水河也能像塞納河一樣充滿了人文風情，河畔不只能騎腳踏車，還會吸引各種藝術家：畫家到此畫畫，舞蹈家在此演出；甚至能夠演戲，讓各式各樣的表演藝術融入在地生活。

我的夢想不僅如此，還希望能讓整個城市愈來愈美。大家都覺得台灣的都市景觀雜亂又醜陋，沒有紐約整區都採用鑄鐵建築的美麗、也沒有歐洲古老城市的紅磚白瓦，因為建商蓋房子都各蓋各的，建案與建案之間毫不相關，缺乏整合，我希望未來能夠透過建築條例的修改，鼓勵建商提出設計案之前，先與主管機關聯繫溝通，設計上儘量配合周遭的美學品味，也能夠透過橫向的溝通，統合建案與建案之間的公共空間，希望能夠創造出像日本六本木hills的整個區塊的更新，把每個區域都做出獨特個性。但這方面相關法規的修訂還沒完成，可能要靠接下來的執政團隊努力了。

五年前，我希望讓台北縣變成一個美麗、乾淨的城市，當時像痴人說夢。五年後，一群痴人，一同完成了這個美夢。

★ 碧潭河畔重新規劃、整理後，令人耳目一新。白天和夜晚，各有不同風情。

巧婦找米來炊

剛進入縣府的時候，從前任縣長手上繼承了八百多億元債務，處處受限，施展不開。就像巧婦想做一桌好菜，但手上不但沒米，還欠了雜貨店一屁股債，想舉債度日都難。但再怎麼困難，都比不上身邊缺乏理念相同的同事來得痛苦。

公務人員的體制像單行道，某個首長不適任需要調派，按照規定只能安排他到某個特定位子任職，空出位子之後，才能補上新人。但每個位子的員額有限，若此人能去的職位沒有空缺，就無法調動。

因為找不到適合的去處，我必須留任一個不適任的首長，造成手下有一個不能與我同心的政務官。執政第一年困難重重，某些政策陽奉陰違，我是個連細節都要求完美的人，看到整體狀況如此荒腔走板，萬分痛心。

設計這套官僚體系的人，絕對想像不到實際推行之後，反而讓公務機關效率更為低落。

但這也好，我一直相信挫折與磨難都能讓自己成長，為了突破困境，我想破頭，終於想出了解決之道，就是一定要排除萬難，讓台北縣升格為直轄市。升格之後，員額增加，起碼人事可以鬆綁，不然沒錢又沒人，實在做不了事。

客觀上，北縣升格是不可能的任務，但為了推動縣務，非做不可。

促成台北縣升格直轄市

在台灣，每個縣市政府的狀況不一樣、預算也不同。台北縣的人口比台北市多了一百二十萬人，預算卻只有台北市的二分之一，連公務員的人數都差很大，台北市共有一萬四千多名公務員，台北縣卻只有四千多名，做任何事情都捉襟見肘。

長期以來，台北縣與台北市只是一水之隔，待遇卻猶如天壤之別，難怪許多台北縣民覺得自己是二等公民。

法令規定升格直轄市的門檻是一百二十萬人，台北縣早在一九九〇年就已經達到這個門檻，但始終沒有升格的機會。二〇〇六年，我上任時，執政黨是民進黨，有朋友笑我想讓北縣升格是異想天開，因為過去台北縣也是民進黨執政時，民進黨沒讓台北縣升格，現在更沒有理由支持不同黨派的周錫瑋的提案。

透過過去在立法院的人脈，跨黨派的立法委員都願意支持我，一舉提出地方制度法修訂，只要人口超過兩百萬人，未升格為直轄市前，準用直轄市相關制度。

事在人為，二〇〇七年五月四日，立法院三讀通過這項修訂案；十月一日，我們正式宣布可以準用直轄市的相關規定，本來以為人事鬆綁、預算也多了。但以此向行政院爭取預算，卻被打了回票。台北縣的人事增加了，人事費用當然也應該增加，不然沒錢付薪水。我拿出預估經費爭取增加統籌分配款，但行政院表示，中央政府沒錢。

我說，法令規定「準用直轄市規定」，所以請他們依法辦理，他們回覆「準用」直轄市的本質上還是省轄縣，所謂「比照」的意思是，可以比照，也可以不比照，硬是不肯提高預算。這番羞辱讓我下定決心，無論如何，一定要讓台北縣正式升格為直轄市。

二〇〇九年六月，內政部審查通過「台北縣改制直轄市」；七月，行政院正式通過台北縣改制案，於二〇一〇年十二月二十五日改制為直轄市，並更名為新北市。

記得在上任之初，我說過，「如果不升格直轄市、統籌分配款不給我們六百零三億，我就不選下一任縣長。」當時民進黨籍的台北縣議員李友親跟我打賭，他相信中央絕對不會讓我升格，隨我開賭金，因為我一定輸。我說：「那就賭一千元吧！」

台北縣升格之後，議會第一次開議，李議員當場拿出一千塊給我，說：「縣長，我輸了。」這一千塊，真是得來不易！

突破升格困境之後，縣府上下忽然有了生氣，員工開始有信心，願意相信我的判斷

★ 2007年4月3日，周錫瑋赴立法院爭取台北縣升格。

★ 2007年10月1日，縣府同仁慶賀新北市時代即將來臨。

力，也開始做更大的夢想，嘗試推動各種原本以為不可能的任務。

而我發現，過去很多事情沒辦法成功，幾乎都是人的問題，當主事者不想做，下面的員工也就不會做，七折八扣下來，所有政策都不會成功。

所以，幫縣府團隊找到好人才，是當務之急。

讓人才出頭

公務員的人才流動有一定的規範，我必須要找到好人才來領導好人才，做事情才會快。

如果目前的團隊停滯不動，那就應該從外引進活水。所以我決定對外求才，除了請人推薦，我還做了過去首長沒人敢做的事情——公開徵才。像教育局局長劉和然就是透過公開甄選出線的。

我對教育有很多想法，希望能夠找個敢改革、敢衝刺的局長，大刀闊斧的突破規範，做些改變。

劉局長來面試時，擔任國中校長，他說自己會參加甄選，純粹是因為擔任校長這些年，他及其他教職人員都發現，教育體制經常因為教育局長的變動而變動，想趁著面試的機會表達基層的想法，讓我知道基層教職人員認為台北縣需要什麼樣的教育局長。

我很希望能夠找個有想法的教育局長，最好是沒有包袱，願意改革，後來劉校長脫穎而出，通過了好幾關的面試，成了劉局長。在過去重輩分、論年資的教育體系中，是前所未有的事。劉局長說，他覺得「被發現是一種幸福」。

我對下屬的要求很簡單，只要有能力、肯負責，我一定充分授權。像人事任免過往是權力的核心，但我完全尊重首長的人事權，絕不干涉、不介入，希望首長們依照能力用人，而不是依照關係。如果用了一個有關係卻沒有能力的人，是沒有尊嚴的任命，不會帶來好結果。人事任命一定要大公無私，事情才能做好。

因此局處長都有完整的人事權、完整的行政權，他們沒接過一通我關說的電話，我也不會要求他們撤銷任何一張罰單、放過任何一家該拆除的工廠。因為我知道他們的任務艱鉅，必須幫他們擋下所有關說的壓力。

尤其教育要辦得好，要找到最適任的校長。記得教育局劉局長上任後，第一次舉行校長遴選，我請他到辦公室來，指著桌上一疊快三十公分高的資料，說：「這都是來關說的。但到我這裡為止，我不會交給你，讓你為難。」

現在每一位校長都很有尊嚴，因為他們都是公正遴選出來，不是透過鞠躬哈腰的人情拜託、關說而來，整個台北縣的教育體系因而產生了質的變化，也才能劍及履及的推動英語活化教育，完成許多不可能的任務。

人都懂得觀察，很多事情光靠嘴巴説，並不會完成，要認真去做，才有可能成功。我任命的首長們都不是有私交的班底，他們上任之初也搞不清楚我是什麼樣的人，但透過每天的接觸，知道我是認真的，給他們沉重的任務，但也給他們充分的授權，做他們的後盾，讓他們放手施展、大力改革。當員工覺得自己的任務很有意義，加班也不這麼累了。

人一定要有夢想，不然什麼事都做不成。後來發現，我的夢想，也成為了首長們的夢想，也成為更多縣府員工的夢想，大家一起努力，一起收割，政務推動起來很順利。

尤其是我宣布退選之後的這些日子，並沒有因為我不選了，大家一起放假，相反的，大家都感受到時間的壓力，很多政策推動上更講究效率，希望能在最短的時間內做最多的事情，反倒讓這段日子成為相當值得紀念的回憶。

我這沒米、沒人的巧婦，能在這個位子上交出漂亮的成績單，實踐夢想，很感謝同仁們的支持，我們都沒白走這一遭。

……一步一腳印

擔任縣市長，就像管家婆一樣，大、小事都要注意。而且細瑣的民生小事，其實就是縣裡的大事。

就像參加全國清潔競賽，一開始各鄉鎮市長提不起勁，這種活動對選舉沒直接好處，但我覺得台北縣長期給人髒亂的印象，透過參加清潔競賽，可以改變外界的想法。

既然參賽，當然要拿下冠軍。我們擬定了一套作戰計畫，按部就班的執行，果然在二〇〇七年首度成為全國清潔競賽冠軍，至今蟬聯了三年，很不容易。

台北縣面積大、人口又是全國第一多，要控管得下工夫。祕訣在分層負責，帶著大家一起做。

用創意美化環境

我們在全國競賽之前，先進行縣內每三個月一次的各鄉鎮市清潔比賽，排名最後的鄉鎮市不僅面子掛不住，我們還會技巧性的控制統籌分配款，讓經費緊縮。如此一來，鄉鎮市長當然會緊張，會想辦法讓自己管轄範圍變乾淨，趕緊找村長里長來開會，從更小的村里開始注意環境清潔。

於是，每個村、每個里都有小型競賽，吊車尾的村里覺得不好意思，就約了村里的家家戶戶舉行清潔競賽，很自然的，從下而上，大家都很在意環境是否乾淨。

以深坑鄉來說，當地人口不多，但志工很多，在鄉長高鄔梅英的號召下，全員投入清潔競賽，週末遊客如織，街上卻看不見垃圾，因為隨時有人打掃。志工還主動幫鄉內的獨居老人整理環境。

高鄔鄉長說，有次發生了烏龍事件，志工協助一位老太太打掃房子，結果老太太急著追出來，因為志工們把她曬乾的仙草也當作垃圾打包丟了。高鄔鄉長趕緊安慰老太太，並請人快去買仙草還給她，老太太才安心。

一開始，我沒想到清潔競賽除了讓環境清潔，竟然還有附加價值，推動之後，每個鄉鎮都凝聚出了社區感情，大家開始把自家附近當做自己的管區，早晚灑掃，鄰居也趁打掃時聊聊天。本來工商社會淡薄的人情，因為這些志工的積極投入，開始產生互相關懷、互相扶持的心。

當然，推動政策除了處罰的棍子，還要有獎勵的胡蘿蔔當做誘因。整潔計畫當中，台北縣境內二十九個鄉鎮市分成三組，冠軍獎金一百萬；若第二次蟬聯冠軍，就能再拿到四百萬；第三次又蟬聯冠軍，獎金五百萬。只要肯努力，三次評比都拿到最好的成績，獎金加起來足足有一千萬元，對於預算微薄的鄉鎮市，是非常大的鼓勵。

對縣府來說，只需要花一千萬元的預算，就能提升整個台北縣的生活品質，讓生活在其中的縣民注意到環境整潔，多划得來。

諸如此類的創意讓施政從大的政策，層層分析，落實到每個縣民的身上，鼓勵縣民身體力行的參與，受益的也是大家。當馬路變乾淨了、街頭巷尾沒有垃圾堆積，生活品質大為提高。

我覺得任何角落都應該要保持乾淨，才能讓一個城市成為習慣乾淨、習慣整潔的地方。就像犯罪學家提出的「破窗理論」，當一條街上有一戶人家的窗戶破損，久久不修，很快的，整條街會愈變愈髒、愈來愈亂。大家開始往街上丟垃圾，開始出現竊盜案、搶奪案，接著這個區域的治安會陷入危機，因為心懷不軌的人發現這邊的居民不注重居家環境，便伺機犯罪。

假使窗戶破掉後，立刻修補，小偷會知道這塊區域的住戶很重視居家安全，不會容忍非法的行為，自然不敢輕舉妄動。

★台北縣蟬聯三屆全國最乾淨城市冠軍，一掃過去髒亂的形象。

因此，我對於環境整潔的要求從未懈怠，雖然台北縣已經蟬聯三屆全國最乾淨城市冠軍，但只要在路上看倒垃圾，我還是會立刻打電話給環保局，要他們趕緊來清掃。後來，政府首長也都會互相督促、通報。

施政從善如流，但不媚俗

縣長的職責與立委不同，立委遇到民眾，多半是接受陳情，幫民眾爭取權益。但縣長執行政策勢必無法討好所有人。每當我到一個新工地視察，必定會有因這項工程受到影響的地方人士等著「教訓」我。一開始當然不習慣，後來決定

★ 陽光運動公園裡的高科技廁所，色彩活潑鮮豔，還有節能設計。

該做的事情就是要做，種種壓力都要概括承受，學習與批評共處。

任何重大工程，我都習慣有空就去看看，而且不只白天去，晚上也去，才能掌握全面狀況。

有一次在碧潭遇到一位民眾，他一見到我就氣呼呼的大罵：「縣長在搞什麼？這裡狗這麼多！」

還有人批評河邊的自行車道斜坡坡度太陡、太危險。我說：「這個斜坡原本設計就是讓人牽車、不是騎車，也寫了很大的標示在旁邊，但民眾不遵守。」

民眾聽了說：「豎個看板有什麼用？」

對於縣政，縣民永遠有不同的想法。我去陽光運動公園視察進度，那裡有全國最大的溜冰場，設備非常完善。但有個媽媽顯然不滿意。

「縣長，你搞什麼！溜冰應該是單行道，右去左回，兩邊都滑，就都撞到了。」

「那您的建議呢？」

「你應該規定，右去左回！」

等我們這樣規定，鐵定又會出現反對意見，要我們什麼都別管，他們會自治。

還有家長反應，運動公園的廁所光線不足，小孩都不敢上洗手間。

我說：「這是造價六十萬，非常昂貴的環保廁所，裡面有自動感應的燈光，只要進入，燈光會自動點亮，如此可以節省能源。」

家長聽了我的解釋之後，才明白這些高科技廁所的奧祕。但我還是告訴負責同仁，民眾的反應代表大家的心聲，可以採納，因此我們從善如流的在廁所外加盞小燈，讓民眾感到安心。

鴻海董事長郭台銘說：「魔鬼總在細節裡。」不要小看小細節，細節的不完美往往會是整體崩解的前兆。我覺得縣政也是如此，當每個人都一步一腳印，做好所有的細瑣小事，這個地方一定能讓人住得很舒服，活得很快樂。

……教育平權

很多人提到我，就會想到台北縣推動的英語活化課程。有人支持、有人反對，其中有各式各樣的辯論議題，但我想提醒大家注意「教育平權」的觀念。我之所以甘冒教育界的反彈，堅持推動英語活化教育，因為教育是未來一切的關鍵，我必須確保每個孩子都能擁有平等受教育的權益。

如果小朋友因為家庭變故，不能跟大家一樣受教育，等於毀了孩子的未來。因此，我們有國民教育，希望孩子起碼接受九年國民義務教育，屆時可以根據自己的需要，看是要念普通高中，或是技職體系。

客觀的現實是，台北縣有二十四萬名小學生，保守估計，其中有十萬個小朋友上家教班、安親班、才藝班，但有三萬九千六百個小朋友，連學費及午餐費都交不出來。

大家都說再苦、也不能苦孩子，當家長力量不足，如果不由政府出資幫助這些孩子，他們可能一整天都得餓肚子，可是很少人會注意到小孩子的自尊心，如果讓家境清寒的學生拿「愛心獎學金」、吃「愛心便當」，讓所有同學們都知道他家境不好、知道他窮到連學費都繳不起、營養午餐都吃不起，他們身上被貼了無形的標籤，心裡肯定不好受。所以，是不是有更體貼的做法？

施政要細膩，就是要設身處地為需要幫助的人著想。要顧孩子的肚子、也要顧孩子的面子，我要求教育體系採取更尊重人性的做法，只要學生私底下告知老師自己的家庭狀況，不需要經過任何審核，也不必準備里長證明等文件，由學校直接通報縣府，縣府就會撥款給學校，直接幫孩子繳清學費與午餐費用，讓他跟其他孩子一樣安心的上學、正常的吃午餐，讓政府「真正」幫上他的忙。

有人問，不經審核會不會造成經費浮濫發放？我認為這些想法是多慮了，如果連孩子都不能信任，我們的社會還有希望嗎？

不過，政府照顧孩子吃飽之後，就沒事了嗎？

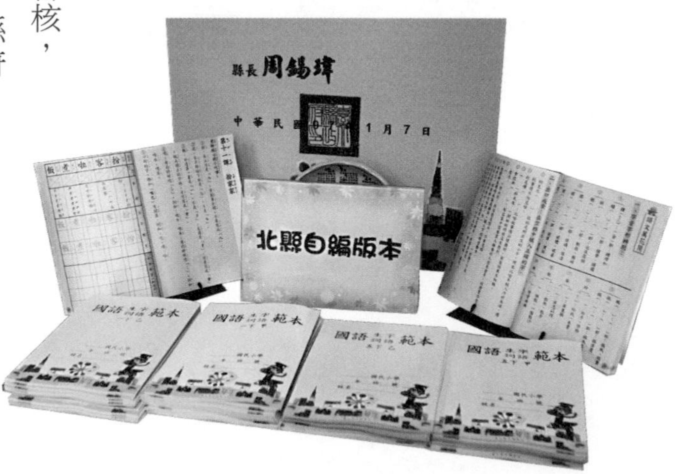

★ 台北縣政府召集小學老師研發「生字語詞簿」，贈送給縣內的小學生，減輕家長購買簿本的經濟負擔。

人人都買得起的習字簿

教育是很花錢的。以小學生的習字本為例，一個年級上下學期各一本，一套要一百一十元。有些家長負擔不起。

我問教育局：「小學生的習字本，有沒有可能由公家製作？因為印量大，就能以最低的成本，做出最好的品質。」

局長表示，可以試試看。於是發動了六十七位老師，針對一年級到六年級的程度、三種版本的教科書，設計出十八套「生字語詞簿」，最後報價，一本只要十八元，售價是坊間習字本的百分之十六。

書商當然不高興，過去他們每賣一本習字本，可以進帳一百一十元，現在忽然出現了台北縣政府主導的版本，他們一毛錢都賺不到了。有一家書商氣不過，決定杯葛到底，在北縣府的習字本發表之前，忽然宣布下學期的課文內容改版，使得必須搭配課文使用的習字本當場成了廢紙，這招讓我們都氣壞了。但老師們見招拆招，立刻也跟著改版，設計新版本的生字語詞簿，不希望讓美事落空。

生字語詞簿發表的前十分鐘，局長說，這個案子是自由採購，有些學校可能因為與書商的「默契」，不會使用十八元的北縣版。我說「如果為了孩子好，該做就做到底！縣府全額負擔，這樣學校總沒藉口拒絕了。」

十分鐘後的記者會上，我宣布台北縣政府將送給國小學生生字語詞簿，減輕家長的負擔。

很快的，其他縣市的學校都聽說了這套結合六十七位老師智慧的生字語詞簿，紛紛表示希望跟進，我說：「好東西大家分享。」便把內容放上網路，縣府免費提供，讓需要的學校自行下載使用。

現在台中縣市、台南縣市甚至私立小學、海外的華人學校都申請使用這套生字語詞簿，還有許多新移民的家庭，是媽媽和孩子一起用這本習字簿學寫中文字，引起廣大迴響，讓參與的老師得到了很大的鼓勵與肯定。

但在習字本之外，還有更大的教育問題待解決。

孩子受教育，不該有差別待遇

相信每個人都支持教育平權，孩子應該不分種族、性別、社經環境，得到公平的受教權，但若將教育聚焦到英語教育，會發現「英語教育平權」很難實現。

這些年來，我一直觀察台灣為何無法融入國際社會，不是因為政治問題、不是設備問題，是因為語言隔閡，我們欠缺與國際交流的環境，連大人都不太敢說英文，更何況孩子。

不知道有多少教育專家注意到，很多孩子到國中畢業，還是寫不出二十六個英文字母，如果九年義務教育是有效的，那英語課程顯然出了問題，而且是不小的問題。

英文太重要了，世界上的最新科技都用英文傳遞，資訊太快，翻譯都來不及，科學、環保新知，各種新知識的第一手資訊多半都是英文，能自主掌握最新資訊，隨時跟上國際腳步，才有希望提出我們對世界的建議。因此我希望提早讓孩子接觸英文。

大多數都市的孩子在學齡前就已經接觸到ABC，但有些孩子可能因為家境，或是家長態度等因素影響，等到升上三年級、五年級，上了學校開的英文課，才第一次認識ABC，進度遠遠落後班上其他孩子。

當其他孩子用在美語補習班學會的英語對話，這群孩子會立刻感到挫敗，也許一輩子都認為自己的英文能力不好，看到英文就自卑。

★英文教學融入遊戲之中，孩子沒有壓力，就能學出樂趣。

而且現階段英語教育的實施狀況很混亂，有些學校小一就開課，尤其是那些位於都市、資源豐富的學校。有些三年級開始、有些五年級開始。如果現在的英語教育生態是城市可以上英文課、鄉下不行，有錢人家的小孩可以，經濟拮据的家庭不行，當然不公平！

我無法接受已經是二十一世紀了，小孩能不能接受教育，還要由家長的荷包來決定，由家長住在哪裡來決定，要由小孩的爸爸媽媽是不是有工作、有收入來決定。

基於教育的公平原則，我們著手設計英語活化教育，希望從國小一年級開始，讓所有孩子都有公平的機會可以接觸英語。

同仁設計課程時，我特別希望他們能針對資源稀少、弱勢的孩子，給予更多協助。這些孩子通常住在較偏遠的地區，可能是隔代教養，爸媽不在身邊，根本沒辦法幫孩子訂正功課，陪他們讀書。可是當其他孩子能夠每天上雙語安親班，我希望起碼能夠從小一開始，每週給他們上兩堂英文課的機會，而且課程一定要活潑有趣，在遊戲中自然的學習。

當家境好的孩子可以請私人英語家教時，我希望每個孩子至少可以在國民義務教育的開端就有接觸英文的機會，甚至讓他們能夠對著外籍老師開口說英文，在接觸英文的起點就學會不怕外國人，不怕說英文，未來才有機會、才有勇氣站在平等的立足點上與國際社會溝通。

這樣的做法卻接受到了很大的阻力，阻力為何產生？我不太願意歸咎於龐大的補教市場的反彈，但希望民主社會用民主的方式解決，既然地方自治是民主的積極實踐，為何縣市長不能負起政治責任、主導經過判斷認為值得推動的政策？

當今台灣多數的政治人物都很怕事，執政只求不要挨罵，這樣怯懦的態度怎麼推動政策？

對政治人物來說，判斷力很重要，因為任何決策都會影響全體居民，因此在決定之前一定要多聽別人的意見，了解全盤資訊，做出判斷，此後，就該對自己的判斷負起全部成敗責任。

小一該不該接受英語教育？各種議論吵翻天，專家各持正反面意見，我決定不管輿論，只問這項政策該不該推行？方向是對的，就全力推動！

反對者又說，不要給小孩太大的壓力，我說，如果現在沒有壓力，未來還是有壓力，許多小孩到了國、高中還是不認得二十六個英文字母，將來壓力更大。

而且小學生的學習能力很強、又沒有課業壓力，在活化教育當中，玩玩遊戲就能學會基本字母與單字，很輕鬆就學會發音。此後看到外國人，再也不必害怕開口說英文。不怕，就能學出樂趣。

不用出國的遊學經驗

過去的英語教育，是在教室裡由老師要求學生背單字、背發音的音標，很多學生從第一天就沒聽懂過，愈學愈心虛。

我們推動的英語活化課程強調透過浸潤式教學，在生活中自然學習，為了讓課程活潑，我們鼓勵老師進修、鼓勵老師自編教材，不需要刻意標舉單字，自然就能學會。例如：在籃球場上，老師說jump、ball、shoot，多說幾次，小朋友就懂得這幾個單字的意義了。教材還能就地取材，住在山上的孩子可以學習怎麼介紹山上的景觀；靠近海邊的孩子可以學習海洋生物相關詞彙，教學內容不再只是「約翰，早安」、「瑪麗，你好」，而是與自己生活息息相關，自然學得快、學得好。

許多坊間雙語補習班都擁有外籍教師，縣府推動英語活化課程，也希望學校能夠聘任外籍教師搭配本國籍老師，讓教學更活潑，而我們聘請的外籍老師一定具備美國教師資格。

這些外籍老師很有意思，他們願意遠渡重洋來台灣，心中必定有理念、有想法，對教學也有熱情。許多偏遠地區的孩子第一次看到外國人會很緊張，但透過學習與互動，發現老師好有趣，學英文、說英文就變得很好玩。

位於五股的更寮國小就在課程中設計讓外籍老師擔任校內合作社的「社長」，小

★ 英速魔法學院裡，學生聚精會神的聽老師說故事，聽到精彩處，笑得合不攏嘴。

★ 在外籍老師的帶領之下，學生到球場上打一場球，籃球相關辭彙就琅琅上口了，根本不用死背單字。

★ 英速魔法學院教室牆面用色繽紛，配上充滿童趣的插圖，還開了大片落地窗讓學生欣賞戶外風光。

朋友如果能對著「社長」全程以英文購物，就能打八折，小朋友立刻願意開口，還說：「原來講英文不難啊！」

英語活化教育的內容多元，有些班級到戶外郊遊；有人看麥可傑克森的音樂錄影帶；有人演戲；有人說故事，大大有別於體制內的學習。加上沒有考試壓力，讓孩子真心喜歡上英文課。

有些孩子很早開始接觸英文，對於初階教材可能覺得乏味，老師會特別安排他們擔任小老師，協助其他小朋友學習，透過不同的角色扮演，得到學習樂趣。

施政講究細節，如果大而化之，小小錯誤就有可能摧毀一件原本良善的好事。我特別要求同仁在推動英語活化教育時，一定要特別細心、從細節上追求完美。英速魔法學院就是細心打造的學習園地。

英速魔法學院是利用閒置教室改造的英語生活營，專門讓國小五年級學童到其中進行五天四夜英語營，設計的目標是創造「不用搭飛機的遊學經驗」。而且偏遠國小、小型國小的學生可以優先登記。

我們要創造一個視覺上與目前學校截然不同的教室，台灣的教室不知為何，很怕學生看風景，窗戶都開得很高、很小，牆壁顏色則採取最方便粉刷的白色，課桌椅也多是耐用數十年的沉重木桌椅。英速魔法學院則引進美國教室的設計概念，採用大片的落地窗、牆壁刷上鮮豔的色彩，還有質輕、好搬動的課桌椅，每堂課都可以根據需要，做不同的排列。

等硬體改造完畢，站在色彩鮮豔的教室裡，小孩子立刻發現跟平常學校不同，會覺得很新鮮，這就是我們想達成的效果。他們不必出國，也像在國外，很自然的聽外籍老師說英語。萬一真的聽不懂，還有本國籍的老師可以協助，去過的小學生都好開心，就像出國玩了一趟，老師也覺得很有意思。

小孩語言天分高、學習能力強，從出生到三歲，才三年的時間，就已經把母語說得很好，但一個大人如果花三年的時間學習一種新的語言，可能還是結結巴巴、說不成句。因此每次參觀小朋友在英速魔法學院學習，我都覺得太神奇了，才一下子，小孩就學會了很多單字，如果讓一個大人用同樣的時間來學習，花上五倍的力氣也沒辦法達到這樣的效果。

我自己對於學習語文抱持著濃厚的興趣，推動英語教育時，也把自己當實驗品，想著學習過程曾遇到什麼問題，可以怎麼解決。像我一直覺得發音不好學，如果連老師的發音都不正確了，學生的發音怎麼可能會好？因此，一定要先提升老師的素質。

其實打從教育局提出英語活化教育的規劃，就有不少老師反對，我親自與這些老師面對面進行座談，老師說，會增加負擔，我則提出證明，其實增加老師之後，每個老師的授課時數反而降低，當面與他們溝通，說服他們相信我。

當英文老師知道自己還要參加針對老師開設的英語正音班，反彈更強烈，他們說，自己早已經取得英語教師的資格，為何還要上英語正音班？我在座談會上仔細說明解釋，他們決定姑且相信我，願意重新當學生。

這群老師們花了一個月在正音班學發音、學教學，上完課後，態度一百八十度逆轉，八百位老師都希望繼續上進階課程，經過外國老師親自糾正發音，並且吸收新的教學理念，讓他們都很有收穫。

此外，我希望英語活化教育能讓教師動腦參與活化，於是撥預算送老師到國外學習，觀摩國外的教育環境，親眼看看國外的教室與我們的教室配備有何不同。當然不只是看表面，也要研究對方為何這樣設計、反應出什麼理念，透過不同的理念碰撞，激盪出更多的想法。

★ 學生在開闊的校園裡進行各種活動，學英文變成一件快樂的事。

老師們透過進修、透過彼此聚會交流心得，真正體會到了教學相長的樂趣。出國參

★ 群山環抱的英速魔法學院閣瀨校區，營造外國學校的開放氛圍，孩子不必出國，就可以跟著外籍老師學習生活化的英文。

訪後，還會將自己在國外教育體系吸收的心得融入教學，與其他老師分享。老師教得有成就感、學生學得有意思。

最近我們接待了韓國的教育團體來台灣取經，參觀英速魔法學院。韓國政府很注重國小學生的英語教育，花了很多錢建造英語生活村，很多學校把英文教育當做學校特色，是競爭的優勢，但執行上不像台北縣政府這麼注重細節。韓國對台灣教育界能打破學校之間的藩籬，共同發展英語教育，留下深刻印象。

經過了不斷的爭取、溝通，二〇一〇年七月，教育部終於同意台北縣試辦英語活化課程，很快的，其他縣市長也宣布跟進。往後大家可別小覷小學生的英文能力囉！

人人有夢

星雲大師說人要「四給」，給人歡喜、給人希望、給人信心、給人方便，擔任縣長之後，許多地方可以實踐四給，但也發現很多善行在法令限制下，反而難以推行。

報紙上經常報導許多需要幫助的弱勢家庭，有些家庭可以符合社會福利相關法令，申請到低收入戶等補助款，但也有一些案例無法取得相關身分，造成政府雖然知道他們需要幫助，但礙於法令無法給予補助。

有一則新聞是這樣的：一名盧姓中年男子，在港邊發現有人溺水，見義勇為、救人一命，自己卻葬身海底。新聞提到，盧姓男子家裡還有太太和三個孩子，儘管政府給了遺孀一份臨時派遣工作，讓家庭有收入，但薪資只是最低標準，不足以支付房貸、帳單，結果房屋面臨拍賣，眼看原本幸福的家庭就要崩解。

這樣的新聞令人鼻酸，父親捨己救人，妻兒卻面臨生活無以為繼的困境，沒想到父親的善舉卻造成家庭幸福破碎，這三個孩子也許被迫要中斷學業，打工以維持家計。

我問社會局，有沒有辦法給予更多長期補助？答案是愛莫能助，因為他們名下有超過三百萬元的房產，協助取得派遣工作是政府法令下僅能提供的協助。媽媽計畫要最大的孩子休學或打工，而這個孩子已經大二，眼看就要畢業了。

其實這個個案不是特例，社會各個角落有許多需要幫助的人，但他們的身分無法符合補助標準，只能在善心人士捐助下，有一頓沒一頓的勉強度日，我希望能夠讓想讀書的清寒學子都能生活穩定，讓他們受到好的教育，才可能扭轉貧困的處境。

在我上任之後，請社會局開設了名為「圓夢計畫」的補助方案。這個計畫專門針對清寒學生給予長期補助，讓他們一圓讀書的夢想，而且也提供讀書時需要利用的電腦，或是食物等物資。

這個專案不使用政府預算，不需受法令限制，當社會局或村里長、甚至老師實際探訪，發現孩子真的需要幫助，而且依「法」不能補助，但依「情」實在應該幫忙，就提報到圓夢計畫，核准後支出款項，長期支持學生就學及支付家庭的基本開銷。

社工的工作不只是給錢，要定期回訪、探視家庭的狀況，陪他們一起長大，跟孩子聊天，最重要的是鼓勵他們繼續接受教育，因為教育是改變命運唯一的方法。

可是經費從哪來？一開始我只說，我來想辦法。後來因緣際會遇到有些人說想收藏我的畫，於是決定開畫展，將賣畫收入全數捐給圓夢計畫，讓藝術可以行善。一開始希望一年可以募集一千萬，有點擔心目標訂太高，後來竟然真的做到了。

有次在縣府接待來賓，我送他們一人一本畫冊，說明正在賣畫幫助學生讀書，其中一位企業家二話不說，當場認捐一千萬元台幣買我的作品，盛情令人感動。他來台灣旅遊，身上當然沒帶那麼多現金，企業家說日後匯款。不久後發生金融海嘯，我們有點擔心所有企業都銀根緊縮，這筆捐款恐怕會造成對方的負擔。沒想到過了一陣子，對方果真捐了一千萬元，他說：「雖然受到金融海嘯衝擊，但幫助人可不能打折。」

圓夢計畫帳戶靠賣畫，至今累積兩千多萬元，加上各方捐款，已經超過三千萬元。我跟同仁們看報紙的習慣也改了，看到發生在台北縣境內的不幸消息時，不必我提醒，同仁會主動關心當事人需要什麼樣的幫助，以及是否有孩子就學等，立刻採訪，結報成案。我跟太太會親自拜訪資助對象，絕對不是為了宣傳自己的慈善形象，只單純看看是否幫得上忙，需不需要「幸福銀行」提供家具，或是「食物銀行」提供食物。親自確定

★2007年8月3日，受惠於「圓夢計畫」的學生，感謝縣府的幫助。

★2008年1月16日，周錫瑋探視「圓夢計畫」的個案家庭，有熱絡的互動。

孩子可以安心讀書，安心長大，我們才放心。

最近，盧家最大的孩子在圓夢計畫的支持下，已經完成大學學業，打算出國深造。他說，圓夢計畫不僅提供了幫助，還給了他們一條光明的大路。相信捨己為人的盧爸爸，在天上也能得到安慰。

留下雲門

二〇〇八年二月十一日，大年初五凌晨，雲門舞集位於八里的排練場及辦公室發生大火，燒毀了林懷民老師累積了三十五年的心血。

這場大火也讓媒體以及全國民眾看到享譽中外的雲門，原來多年來在冬冷夏熱的鐵皮屋裡排舞、練習，過著如苦行僧般的生活。

雲門付之一炬的消息震撼全台，我立刻趕到現場，希望能替雲門盡點心力。長期以來，國內的藝術家大多寧願跟政治人物保持距離，認為藝術與政治，就像油與水般不相容，最好你不犯我、我不犯你。不像捷克有個擔任劇作家的前任總統哈維爾。

但當下也顧不得那麼多，我到了現場，表明想幫雲門找到未來的家，讓這國寶團體能安心創作、持續演出。當然，其他縣市都很想爭取雲門。

經過一段時間的考量，林懷民老師決定遷移到北縣府提供的淡水中央廣播電台舊址，距離八里不遠，看得到淡水河，與整個淡水連成一氣、卻又不是緊緊相依，距離恰恰好。

得到消息之後，縣府同仁都很振奮，希望能協助雲門在台北縣站穩腳步、繼續茁壯。我要求同仁一定要在最短時間內辦好此事，雲門只需提出需求，所有繁瑣的行政作業都由縣府來處理，我們派出一個跨部門團隊專門處理這個專案，務必圓滿達成任務。

但要將荒廢已久的中央廣播電台原址交給一個舉世聞名的表演藝術團體，比我們想像中還要困難一百倍。

問題的癥結在於沒有名目把這塊地無償借給雲門使用，因為不適用「閒置空間再利用」的辦法；又因為位於滬尾砲台附近，劃定為古蹟範圍內，必須想個名目，才能合法使用。

經過縣府十三個局處召開多次跨部門會議研討，以及徵詢文建會的意見，唯一的解決方法是讓雲門引用「促進民間企業參與公共建設法」，投標「淡水文化藝術教育中心」，正式取得此一場地的四十年的經營權。未來若經營得法，還可以延續十年。

這個過程的艱辛，外人難以想像，這麼說吧，如果不是國寶級的表演團體雲門，別的單位不可能突破重重法令限制，也不可能激起縣府上下如此豐沛的能量。

過去跨部門會議，各單位會就主管範圍提出不可行、不合法的限制，凡事以不違法，違反法令就不能做。

★2008年2月11日，雲門舞集的排練場付之一炬。創辦人林懷民及台北縣長周錫瑋前往了解情況。

但這回，各種法令限制多如牛毛，提出問題之後，各個單位都把雲門的事都當做自己的事來動腦筋，努力想著該怎麼解套，從各種角度切入，不行，再來；不行，再試，最後終於為雲門量身訂做出一套模式。因為目標很明確，沒有橋就造橋，沒有路就開路，務必要達成目標。

這一年就像一場行政與藝術的大戰，必須處理的危機有大有小，鉅細靡遺，而且都是事先無法想像的。

縣府的立場是「一定要留住雲門」，所以，任何問題都必須找出方法來解決，在這個前提下，我們透過顧問公司當做窗口，雲門只需

★ 2009年4月，林懷民（左）、申學庸（中）與周錫瑋簽約合作，雲門舞集將從台北縣重新出發，再現風華。

要提出設備需求，適法性由我們來想辦法，由縣府來負責溝通與推動，希望讓雲門的舞者能專心表演，林老師能專心創作，不願意讓他們為了這些事情耗費心神。

過程中遇到的困難往往跟表演本身無關，但又跟表演有關。例如，雲門經常飛往世界各地演出，道具需要用貨櫃車運輸，所以劇場必須要有貨櫃車可以裝卸貨的空間，對外交通當然也要能讓貨櫃車通行。

但這個場地根本就是個古蹟區，對外聯絡道路小小一條，小貨卡勉強可以通行，大貨櫃車一定會卡在半路上，必須拓寬道路，這就牽涉到道路是否經過私人土地、如何取得，是否會影響古蹟，該如何評估，一舉牽涉到十幾個局處業務。而這還只是其中一環遇到的瓶頸。

任何與古蹟有關的建設，經常要花好幾年時間做各種影響性評估，每個評估都是一個關卡，我要求各局處全力配合，終於解決了所有法令問題，在二〇〇九年順利簽約。

這次採用的「促進民間參與公共建設法」，過去都是由大企業與政府合作，需要龐大的資金入注才能運轉。雲門怎麼可能拿得出來這麼大筆資金？感人的是，雲門恰巧有這筆錢。這是失火的消息傳出後，五、六千位民眾主動捐款的重建基金，剛好足夠支付淡水園區的興建費用。

想到這不是某大企業的單一贊助，而是三十五年來，雲門在各地演出感動了這麼多觀眾，集合眾人之力募集的經費，更令人動容！

經過一年的努力，打通了所有關節，二〇〇九年四月，由雲門基金會董事長申學庸、雲門舞集創辦人林懷民老師與台北縣政府簽約合作，開始執行，預計在二〇一二年可以興建完成，開始營運。

林懷民老師在簽約典禮上說，希望雲門是第一個，也是最後一個透過「促參法」進駐公有閒置空間的團體，未來政府應該修法以符合文創團體的需求。

我也認為要雲門採用「促參法」簡直是個大笑話，因為雲門是文化，「促參法」是公共工程使用的法律，這次的引用等於把文化當成工程來發包，極不尊重藝術，且用商業利益的標準來要求文化團體，根本就是羞辱。但眼前為了符合法令不得不如此進行，希望能夠以這次經驗作為借鏡，讓政府思考該怎麼落實扶植文化創意產業的概念。

未來，淡水這塊區域將會非常精采，這裡不僅是雲門的排練場，也會是個藝術的窗口，更多表演團體將在此演出，因為雲門希望這個園區並非專屬於雲門，他們希望透過園區來提升人文素質，每天起碼安排兩百位學子到此參觀學習，讓孩子們親自體驗什麼是藝術。

二〇一〇年七月，很榮幸能參加雲門在板橋體育場的戶外公演，親眼見識了雲門觀眾的熱情與可愛。最令我驚訝的是，林老師在舞台上不需要聲嘶力竭、不需要問大家「好不好」、「對不對」，他用冷靜、理性的聲音告訴大家，應該把自己帶來的東西統統帶回家，全場不留下任何垃圾，讓清潔人員能早點回家。

散場後，我親眼看到將近三萬人席地而坐的場地，真的乾乾淨淨，沒有留下一張報紙或一個塑膠袋。

這就是藝術的力量，就是文化的力量。

★ 2010年7月17日，雲門舞集浴火重生，在板橋體育場露天演出「白蛇傳」，三萬多人席地而坐，專注的欣賞演出。

親近藝術

因為喜歡畫畫，我堅信藝術與政治可以相容，工作再忙，還是持續作畫，也因此對於藝術家有多一份的關心與敬意，常與太太拜訪台北縣境內的藝術家。

有一次，我們拜訪一位年邁的雕刻家，他家徒四壁，生活真的窮得只剩藝術，卻熱情擺了滿桌菜餚款待我們。看著這樣的環境、看著他的作品、看著我們能提供的如此有限，吃在嘴裡的美食，每一口都讓我心酸。他的精神生活很豐富，物質生活卻這麼匱乏，這次拜訪讓我感動，但又帶來錐心的痛。

在回程的路上，我告訴同仁，一定要時時刻刻「把藝術家放在心上」，多幫他們著想，政府一定要想辦法成為他們生活的支柱，因為藝術能夠完成許多金錢無法完成的事情。

這幾年台灣很流行請國際大卡司來開演唱會，尤其政治人物很喜歡透過邀請巨星演出，證明自己很看重藝術、很重視文化。幾千萬元經費一個晚上燒完，民眾看熱鬧也好、看門道也好，全都覺得這真是一場心靈饗宴，大家都走上了國際舞台，還能提高施政滿意度。

許多朋友力勸我也應該比照辦理，尤其我做了很多事情，但民調數字始終不好看，他們說，多辦國際巨星演唱會，這樣民眾就會知道政府很用心了。

我說，是這樣嗎？民眾聽國際巨星唱歌，就會覺得自己的生活環境變美好了？恐怕只是增加政府首長的媒體曝光率吧！

體驗精采絕倫的表演魅力

文化局同仁提出了他們的想法，因為預算有限，幾千萬元對台北縣來說是個很大的數目，他們認為這些經費與其給國際巨星，在一天之內花掉，何不留在台北縣，請台北縣的藝術家為縣民們表演？

尤其是那些生活在偏遠地區的民眾，他們不可能大老遠跑來市中心朝聖一場演唱會，很可能一輩子都沒機會看到現代藝術，如果我們可以請藝術表演團體到各鄉鎮市、到高山上、到海邊演出，讓縣民們就近領略欣賞藝術的樂趣，一筆經費可以幫助偏遠地區的縣民、也幫助了藝術團體，才能讓藝術永續經營。

就像紙風車劇團發願要跑遍台灣三百一十九個鄉鎮，在台北縣二十九個鄉鎮市演出，都由縣府出資，目的是讓沒看過表演的小朋友、大朋友有機會接觸藝術，也讓本土藝術表演者可以永續生存，還能擴大藝術市場。

而且，藝術未必只會花錢，有時也能賺錢。像法國亞維農、英國愛丁堡、美國西雅圖，都是以藝術節出名，這麼多年來，已是全球觀眾嚮往的藝術之都。藝術節期間，每條巷道都擠滿來自四面八方的藝術愛好者，幫當地賺進大筆的觀光財。只要經營有道，藝術能夠成為城市特色，帶來許多邊際效應。

因此台北縣開始舉辦藝術節、還包括相當創新的環境藝術節，一開始，老經驗的同仁非常不以為然，這麼多年來，台北縣連個理想的室內表演空間都找不到，怎麼可能舉辦藝術節？該讓藝術家上哪裡表演？他們擔心戶外場地會受限於天候因素，擔心各式各樣可能發生的狀況，擔心表演無法順利進行時，責任由誰來扛？

這些問題當然很難解決，但表演藝術並非只能在隔音效果一流、劇場設備齊全、吹著冷氣的殿堂之上。古早的希臘、羅馬劇場，不也是露天演出？

因此，我們開始嘗試突破，沒有好的舞台，那就發揮我們擁有的。碧潭兩側整修好之後，很適合當做戶外表演的場地，我們便邀請表演團體來示範，其中義大利的都蒙地劇團將整個碧潭當做表演舞台，觀眾忽然發現身邊站著一個高三公尺、踩著高蹺的演員，大家都樂壞了！大人小孩追著演員跑，演員們隨時隨地取材，利用場地即興演出，

★2010年9月5日，襯著碧潭美麗的夜色，來自澳洲的「湯姆男孩」展現高超的技藝。

★2010年新北市藝術節，來自義大利的「都蒙地劇團」沿著碧潭河畔演出，演員身穿豔麗戲服，踩著高蹺前進。

用肢體語言取代了台詞，跨越文化界線。

另一場結合古典音樂與空中飛人的演出，就更讓人印象深刻，由「聲軸電音特技交響樂團」演出，在小提琴手身上綁上空中飛人的鋼索，搭配許多空中飛人，觀眾可以仰頭看著他們邊移動邊拉琴，又驚險又美妙，讓觀眾驚呼連連。

二〇一〇年，這個澳洲來的團體在碧潭的第一場演出遇到大雨，演出前，同仁們擔心漏電問題，詢問是否該宣布因為天候因素，取消演出。

他們很有意思，在後台探頭看到前台已經湧進了一千多位觀眾，大家都穿著雨衣、冒著大雨等著看表演。導演原本也有點想打退堂鼓，但一看到滿場觀眾的熱情，就熱血沸騰的說：「沒人離開，我們就演出吧！」但為了安全，調整內容，改為安全性較高的演出，以顧及樂手生命安全，又能回報觀眾熱情。

這場演出讓大家都非常感動，看著音樂家在大雨滂沱中表演，看著觀眾們在雨中的熱烈掌聲，都是對藝術的熱情，相信現場所有人都難忘這一刻。

藝術走進人群，展現在地特色

我們能做的事情，就是協助藝術家們將感動散播出去，讓國內外的團體在各地撒下藝術的種子，讓民眾親近藝術，接著就能帶動更多藝術受到欣賞，讓藝術家可以專心創作，形成正面的循環。這就是我所謂的「把藝術家放在心上」。

過去許多藝文展演活動招標的邏輯是開個題目，請團隊來競標。二〇一〇年環境藝術節開辦之初，我們只提了「環境」這個概念，其他由競標團體自行構想，結果開出了非常有趣的表演內容，有在平溪線火車車廂裡的小丑劇團，有在三峽老街商店裡外的偶戲團，有在碧潭高灘地、板橋火車站大廳、深坑兒童遊樂場的各式各樣表演，原本台北縣缺乏表演空間是缺點，經過這樣的企劃，反而成了一大利基。所有的表演都走出殿堂、走進人群，透過與環境的互動，創造出過去未曾想到的表演，成為台北縣環境藝術節最大的特色。

台北縣的好山好水，也吸引了藝術家移居，金瓜石、水楠洞、九份自成一個藝術社區，許多畫家、雕塑家愛上這裡的景觀，一待下來，就離不開了。

三芝海邊原本幾近荒廢的別墅區，也讓藝術家深深著迷，他們在這裡生活、在這裡創作，自然而然形成了芝柏、圓山頂、楓愛林等藝術村落。

我在大陸看到了許多文創園區，有很好的環境，但沒有人才加入，多半都不能成功。但在三芝、淡水、九份地區，藝術家們找到了自己喜歡、而且合適的場域，有人做金工，有人做椅子，有人染布，有人做陶藝。藝術家們喜歡互訪，我喜歡你的椅子、你喜歡我的畫作，那就以物易物，各自交換收藏，這種惺惺相惜的情感，也是藝術村裡最動人的畫面。

所以我也請文化局發行藝術家地圖，告訴遊客，來到這些風景優美的地區，除了探訪好山好水與享用美食，還能欣賞到好藝術，親炙名家風範。

與藝術團體的互動過程中，我發現他們逐漸對「政府」這個角色產生信任，知道我們確實想做些不一樣的事情，做些有趣的事情，也確實想幫助藝術家安身立命。

人與人之間最難建立的，就是彼此的信任，有了這層信任基礎之後，藝術與政治未來應該可以和平相處，相互包容，因為，我們都想讓未來變得更美好。

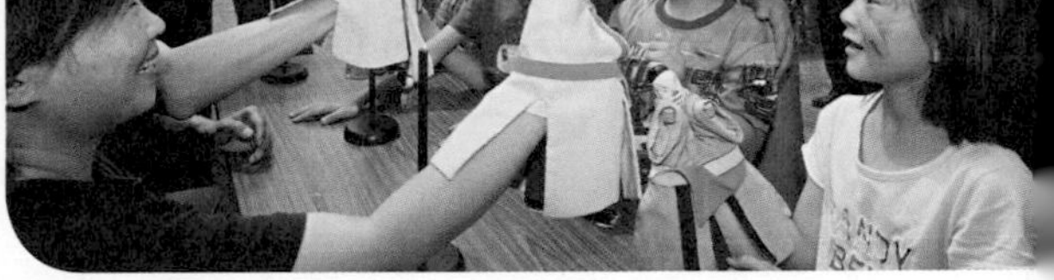

★ 在各種表演活動中，常可見到周錫瑋的身影，他熱愛藝術，更樂於推廣。

彼此尊重

在自由民主的地方，人們常說人人生而平等，常說彼此尊重，常說每一張選票都等值。

但實際上卻不是這樣。像原住民朋友所面臨的狀況，就不是身為漢人的我所能夠體會。直到遇到了三鶯部落這群朋友，他們教會我在其他地方學不到的文化課，讓我反省漢人面對少數民族的文化時，有多傲慢。

三鶯部落位在大漢溪的三鶯大橋下、鶯歌與三峽交界區。這裡是大漢溪的行水區，阿美族三十年前在這裡自立蓋屋、形成部落。

他們是都市裡的原住民，多年前，因為各種原因離開山裡的老家，到城裡工作，他們大多數是建築工人，幫城市蓋了許多天價豪宅，自己卻還是住在三鶯部落裡。

法律規定行水區不能蓋房舍，所以歷屆縣長多年來屢次基於安全理由拆屋、協助遷移，但過不了多久，阿美族人又回到高灘地上生活。

過去政府理直氣壯的訂定法令，行水區有安全之虞，當然不准蓋房子。既然違反法令，政府又有安置措施，便依法驅趕他們離開危險區域。主管機關從來不懂，為何阿美族人就是不願意到比較安全的區域生活？為何他們一直挑戰公權力？不懂他們為何不在我們的協助之下，學得一技之長，跟我們一樣在現代社會生存下去。

我上任之後，連續好幾年都到三鶯部落與當地居民溝通，但效果不彰且衝突不斷。很多非部落的人說，反正原住民不注意安全、不守法，不用管他們啦！

這樣抗爭了幾年之後，我忽然懂了。

阿美族的生活習慣是開墾、抓魚、打獵。他們的父執輩在河邊開墾出一塊家園，在這裡生養孩子，這裡就是他們的家。

我們的習慣則是立法、強制執行公權力、拆房子、斷水斷電。

至於他們該怎麼生活，我們並不關心。但認為他們應該融入我們，學一技之長、領薪水，過跟我們一樣的生活。

但原住民血液裡留著祖先的記憶，他們要打獵、要逐水草而居，想要在爸爸媽媽蓋的房子裡生活、開闢的田地上耕種。

「他們」、「我們」，這些字眼讓我，以及以前的縣長們從開始就沒站在對方的立場思考，硬要套用我們所習慣的生活方式在這群阿美族人身上，忽略了他們傳承自祖

★ 颱風來襲，周錫瑋到三鶯部落勸導居民到安全的地方避難。

★ 不同的群體有不同的生活生式，彼此尊重，才能和睦相處。

先的生活方式、逼他們拋棄長期喜歡的生活型態，要求他們住進水泥樓房裡，還要他們學我們怎麼賺錢、怎麼生活。

回頭從文化角度，從尊重人的角度來看，當政府以安全之名嚴格執行法令，卻沒有想到他們有沒有其他的選擇。

是誰賦予政府首長改變他人生活方式的權力？沒有一個單位可以這樣做，因為生活方式是個人尊嚴，我一向不願意傷害旁人的尊嚴，老人、小孩、受刑人都不可以，卻毫不留情的傷害了原住民的尊嚴，想以指導者的姿態，教育他們該怎麼當個現代人。

我向來在乎弱勢者的尊嚴，希望在不傷害面子的狀況之下，給予對方照顧。但這次，顯然沒有處理好漢人與原住民之間的文化差異。

後來與部落溝通，日後處理原則是將居住地與耕作地分開處理，在堤防內提供安全的居住與休閒的地方，走路距離就能到堤防外，撥出一塊高灘地變更為耕作區。

他們能夠安全的居住，能耕種、能抓魚，符合行水區的法令、符合防洪措施，還能給他們尊嚴，保留文化、保留生活方式，不必被別人趕來趕去。在合法又合情的狀況之下，讓阿美族人可以兼顧居住安全以及耕作需要。

體貼別人，需要有顆細膩的心。施政，也同樣需要這顆細膩的心。

PART 4

我的政治後手學……

★「很感恩我有機會實踐後手學，為繼任者點燈」。

選舉初體驗

我與政治的初次接觸，是在大三那年，當時五十五歲的父親從上校退役，從軍職轉戰政壇，投入增額立法委員的選舉。

增額立法委員是因應當時政治局勢產生的體制。第一屆立法委員在民國三十七年當選，一任三年，理應在民國四十年卸任，但當時國共內戰，立法院跟著搬到台灣，因國家發生重大變故、選舉凍結，但老委員在這段期間一一過世，所以從民國五十八年開始增額選舉，補進新人。後續辦了六次補選，到民國八十年年底，資深立委全面退職。民國八十一年，與第一屆相距四十四年之後，總算進行了第二屆立委選舉。

父親軍職期間擔任過台北縣團管區司令，人脈廣，五十六歲首次參加立法委員選舉，就當選了第一屆第三次增額立法委員，其後連任第四次增額、第五次增額、第六次增額立委，國會首度全面改選後，又連任第二屆立委。前後歷經五次選舉，五次都當選，一路擔任立委到七十一歲。

看父親擔任民意代表施展長才，我也躍躍欲試。那時在美國拿到碩士學位回台灣工作，第一份工作在美商公關公司，受到重用，老闆給我一個月十萬元的高薪。但工作三年後，對政治還是很有興趣，於是下定決心參選縣議員，告訴父親，我也想走政治這條路，希望得到父親協助與支持。

沒想到父親聽了，說：「我給你五十萬元，你不要選。」因為他走過從政路，知道其中辛苦。但年輕人想賭一口氣，他的勸退反而加強了我參選的決心，可惜天不從人願，連選連敗，參加兩次縣議員選舉，怎麼都選不上，很氣餒。

第二次落敗後，我開車載父親經過華江橋，看著遠方車水馬龍，想著這兩年投入選舉卻沒成功，落得一事無成。握著方向盤，鼓起勇氣告訴父親：「還是死了這條心，不想競選了，接下來考慮去找工作，或是做生意。」

沒想到這回父親一反過去反對立場，很堅定的說：「不行！今年去選省議員。」

那時是一九九四年一月，剛好十一月還有一場省議員選舉，但省議員比縣議員權力更大、選區更大，競爭也更激烈。

我一聽傻了，怎麼還要選？況且連縣議員都選不上，拿什麼條件選省議員？更沒料到當初極力勸我不要參選的父親，怎麼會在我連敗兩次之後，還看好我有機會？

爸爸的個性堅定，他告訴我：「哪裡摔跤，哪裡爬起來！我以前就是這樣。」

在我的印象中，父親是個軍人，很嚴肅，從不服輸、不怕失敗，不管受到多大的打擊，始終全力以赴、朝著目標堅定前進。

身為他的兒子，看他這樣的身教，又受到他如此斬釘截鐵的鼓勵，我也跟著熱血澎湃，從全無自信變成半信半疑，從初選、投票、民調，一個一個鄉鎮市拜票、勤走各地，終於贏得黨內提名。

選舉過程當然辛苦，但爸爸始終陪著我。我們全家出動，一雙手一雙手的握，到處講述理念與想法，到各村、各里認識選民，只要一想到爸爸說的「哪裡跌倒，哪裡爬起來」，就沒有懈怠的餘地，因為選輸的感覺真不好受。

到了選舉當天，激情過後看著開票結果，我當選了第十屆省議員，心底的感受很奇特。這是我第一次當選，本來以為情緒會很激動，但那一刻居然沒有什麼感覺，沒有特別開心、也沒有特別暢快。

實際上這輩子每次選舉、開完票的那一刻，都沒有想像中興奮，似乎是完成了一個任務，但又是另一個任務的開始。

爸爸在我當選後，只叮嚀我要好好做事，要感謝一路支持的朋友，此外沒有特別的表示，也沒有興奮之情，好像事情理當如此。

一九九八年，我以第一高票當選了立委，爸爸才笑開了。當時他已經退休，能有個兒子跟他一樣當立委，是他晚年相當欣慰的事。

★ 嚴以律己的父親周書府，做了最好的身教，影響周錫瑋甚巨。

民意代表

政治路上，我的第一個夢想是當民意代表，花了兩年的時間，選上了第十屆省議員。一九九八年「精省」以前，台灣省是台北市、高雄市之外，舉足輕重的地方自治單位。省議員是地方政治的A咖，當時夠資格、有足夠民意基礎參選地方首長的，都是省議員。如果不能當選省議員，就別想更上層樓。

當時的政治制度當中，立法委員名義上是最高階層的民意代表，但重要性與影響力遠不及省議員，因為立委主要任務是法律面向，而地方建設的預算都在台灣省，立委反而沒有機會監督省政府預算怎麼花。

相形之下，省議員監督省政府，控制了省的預算是否能過關，全國區區七十九名省議員，卻掌控全省預算，等於是台灣地方勢力的總和。能選上省議員的，都是地方上的代表人物。

有緣透過選舉進入省議會擔任第十屆省議員，是我人生中很重要的階段。迅速認識各地的風俗民情，結交各地的人脈，最重要的是，儘管黨派不同，省議會的氣氛比較和氣，大家都以交朋友為前提，幾乎看不到黨派對立。議長更是主動肩負起照顧議員的責任，各種次級問政團體也都像街坊鄰居一樣，在爭端出現時，會主動協調。

擔任省議員時期，我認識了許多跨黨派的好朋友，像高雄縣長楊秋興就是同期相當談得來的朋友，政黨屬性雖不同，但我們從不勾心鬥角，有什麼想法都開誠布公的溝通，彼此信任、彼此尊重，是很難得的緣分。

外界認為省議會與立法院相較，感覺比較草根、本土，但我認為省議會還比較紳士淑女、比較民主，起碼較無意識型態之爭，大家就事論事，即使不是同黨派，相處起來也不像仇敵，而是同事。

劉文雄則是我們這些年輕省議員中的調皮鬼，當時省議員會館盛傳鬧鬼，半夜不知哪裡傳來敲門聲，還說有已故的省議員晚上會貼在耳畔說話，傳聞沸沸揚揚，大家都覺得很好奇又有點恐懼。

有一天，劉文雄酒後想來個惡作劇，於是調皮的沿著會館走廊砰砰砰的敲遍了同一層鄰居的門，他本來想立刻躲進自己房間假裝沒事，製造點恐怖氣氛讓大家緊張，結果更絕，居然忘了帶鑰匙！打不開自己房間的門，結果兩側的省議員們紛紛探出頭，當場抓到劉文雄這個調皮鬼。

★ 競選第十屆省議員時，周錫瑋率助選員前往眷村拉票。

但除了這次之外，到底那些半夜敲門聲是誰的傑作，就成了千古疑案。

從劉文雄的調皮可知，省議員很有活力，在工作上，最辛苦的就是天天都要喝酒。

省議會就像個感情很好的大家庭，每天都有人吆喝大家一起吃飯，不分黨派。而每個省議員的酒量都深不見底，經常一天三餐加宵夜都要喝酒。喝酒對省議員來說，是每天必做的功課。

喝酒不是難事，父親當立委期間，常找我幫他跑攤，必須要你一杯我一杯的搏感情，屢次喝到醉倒在車上，醒了才開車回家。後來自己當選省議員，親身體會省議會的喝酒奇觀。

當時喝酒陣仗驚人，一進餐廳，先擺上個裝滿冰塊水的大缸，缸裡冰鎮著各式各樣的酒，要喝就拿，喝完了再拿，無限暢飲。當時普遍相信酒一喝、場面一熱，原本談不定的，幾杯黃湯下肚，任何事情都「喬」得動。因此每天都有吃不玩的飯、喝不停的酒。

就這樣酒酣耳熱的過了一段日子，一天，我忽然醒了，驚覺自己那時才三十出頭，如果沒日沒夜的喝，不久一定會喝出問題。加上當時有一位省議員因飲酒過量罹患肝癌驟逝，他就是前車之鑑，因為我的生活跟他的生活方式沒有太大差別，如果不願自己步

★精省前夕，最後一屆省議員合影留念。

上這樣的後塵，就不能繼續喝下去。當場下定決心戒酒，不再喝了！

在省議會不喝酒，當然成為眾矢之的，身邊朋友罵了我好幾次，但我就是不喝，任何人也沒辦法。從那天到現在已經十三年多，我滴酒不沾。

後來立委任內也不喝酒，但該爭取的，都沒放過。第四屆立委的任期內，雖然我是第一次擔任立委的菜鳥，卻爭取到了國防委員會召集委員的位子，當然有人質疑我怎麼可以破壞資深委員擔任召委的傳統，不過經過溝通、談判，還是由我擔任。

後來在第五屆、第六屆任內，陸續在立法院擔任紀律委員會、程序委員會的委員，這些工作可以大量與其他委員會的委員互動，也讓我結交不少好朋友，後來爭取台北縣升級時，這些好朋友們都幫了大忙。

省議會、立法院教會我的事情是，要談事情不難，只要拿出誠意溝通。同時，立志不難，重要的是要堅持到底。

……從最大尾立委到最小尾縣長

二○一○年二月二十二日，剛過完農曆新年，我正式宣布，不參選新北市市長，而且不入府、不入閣，也不當無任所大使。

很多人問：「為什麼？為什麼黨內初選都還沒開始，就不選了？為什麼不拚到最後？為什麼不堅持下去？為什麼退得這麼急？應該談好條件才退。」

我退出，是為了造成一連串改變。

首先，要改變政黨惡鬥的風氣，你爭我讓、你吵我不鬧。民主不是一定要割喉割到斷，選舉不一定要烏煙瘴氣。

其次，要專心完成手上的任務，一一落實當初競選縣長時的理念，把大幅進步的新北市交棒給下一任市長。

而且，還要示範不必利益交換，我請高層不必花工夫替我張羅下一個位子。

我看不慣政壇上談條件的風氣，在二〇〇〇年的總統大選時，就與一些立委簽下了「不入閣」約定，交給了呼聲最高的宋楚瑜先生，當時大家都看好宋先生，我們考慮到未來真當選之後，應該會有許多人向宋先生要位子，為了讓他們有空間，我們與親民黨的立委們簽下了不入閣聲明，希望透過這個聲明，讓宋先生可以找天下英才進入總統府。想做些不同的選擇。

我希望在政治的領域裡，有能力就做，沒有能力就不要做，千萬不要利益交換。政治還是需要理想性，需要做些對眾人好的事情。

退出選戰不是放棄，而是更積極的選擇不一樣的路，用行動來告訴外界，政治不必是大風吹，人人等著分配位子。還是可以聽聽內心的聲音，做自己。

但這過程不容易，因為過去我是得票最高的立委，到了縣長任內，卻變成民調最後一名、最小尾的縣長。

從立委到縣長，最大的改變是觀點不同。

當縣長執政，任何政策推動之初，都像要進行諾曼地登陸，一開始一定會遭遇強力砲火猛攻，必須要承受住攻擊，才能趁著砲火稍歇，展開進攻，然後漸漸的推進政策。萬一耐不住一開始的砲火攻擊，什麼都不能進行。一旦熬過最慘烈的第一波砲火，就有機會成功。

當民代是站在攻擊方，看到任何缺口就予以痛擊，要負責把關與監督。

兩者任務不同，功能不同，感受也不同。

當第一名的立委時，常得到外界的讚美，我不知道成為第一名其實有很多壞處，因為站在高點，看事情會產生盲點、而且不夠謙虛，永遠不知道事情到底從哪裡開始出錯。因此，拿到第一名的時候，不要高興得太早。沒拿第一名也不必太難過，要慶幸自己的弱點不會暴露在眾人面前。

如果每次都拿第一名，要超越巔峰就更困難了。像我第一次選立委，拿到第一高票，覺得很高興；第二次競選，又拿到第一高票，還是很高興。第三次選舉時，困難度就高了，不只想勝選，還想著該怎麼才能再拿到第一，因為當過第一名，就不想下來了。

選舉的第一名，受限於太多不能控制的因素，像是對手是誰、各方面的資源是否整合，這不是各自努力的局面，而是一場拉鋸戰，差距甚至可能只是一票之差。

過去我很喜歡當第一名，但在縣政上卻必須要時時歸零，打破這些名次迷思。

我常說，一般人沒做好手上的工作，要下十八層地獄；民意代表沒做好職責，下十九層地獄；地方首長如果沒做好選民交託的任務，得下二十層地獄，因為手上處理的都是與民眾息息相關的日常生活問題。

縣政是個複雜的組合，要打造個漂亮的城市，該做好哪些步驟？要當個適宜居住的城市，該怎麼規劃、執行？安全、交通、經濟發展、環保方面該怎麼配合？這些都環環相扣。

★拆除了碧潭的舊商家和違章建築，河岸風光為之一變，美不勝收。

身為縣長，就像正在拼一個隱形的拼圖，將每一片拼圖交到首長手上，請他們完成，等每個項目到位，就會發現這個城市整體改變了。但在拼圖完成之前，旁人看不到全局，只有自己知道未來會如何。但旁人會不停的從細節上猜測我的想法與做法，可能抓到一條細繩，就說我要打毛衣，實際上那是大象的尾巴。

堅持做對的事，卻招來批評與訕笑

說實話，第一次在縣長任內看到媒體公布自己的民調數字如此低，真的很傷心，真像掉進了二十層的地獄，難道我真做得這麼差嗎？真的辜負了選民的付託？

可是看各項考核數據，表現都一年比一年好。台北縣是國內最乾淨的城市、最安全的城市，也是污水下水道接管率增加最迅速的城市；我接手時，只有百分之七．二的縣民住家接管，這五年呈現跳躍式提升，二〇一〇年底將達到百分之三十六，光是台北縣一年進行的接管工程，等於幫整個台東縣蓋好了污水下水道。

可是關心我的朋友說，接污水下水道是「與人結仇」的工作，萬萬不可大力推動，只要一家接管，就有一家人對我不滿，因為我拆了他們家蓋了幾十年的違建，怎麼不憤恨？一個百分點就是一萬戶人家，五年內提升了將近二十八個百分點，形同得罪了成千上萬個家庭，這些人家一定會對親戚朋友抱怨，將會影響百萬人以上！而台北縣民也才三百九十萬人左右，一個政策就搞丟這麼多票，值得嗎？

政治，說穿了就是「做人」與「做事」。有些首長精通做人，有些首長專心做事，每個政治人物都有一個「做人做事比」，是要三分做人、七分做事？還是七分做人、三分做事？都會導致不同的施政理念。

我覺得要當縣長，該做的事情就不能打折扣，因此當大家都提醒我做人也很重要時，還是堅持對的事情就要做到底。

我說，想讓城市改頭換面，一定要從污水下水道開始做起，因為下水道接管率是進步城市很重要的指標，污水接管後，在大馬路上不會聞到化糞池的臭味，還能一舉清除後巷違建，都是對縣民好的事情，又有中央主管機關環保署提供的額外經費補助，當然搶著做。

有一天，媽媽看到我，忍不住開口：「瑋啊！真的要拆這麼多房子？」

那一陣子我拆了砂石場、拆了碧潭的舊商家、拆了許多民宅的違章建築，許多縣民見了我，都是怨聲載道，埋怨我不通人情、得罪太多選民。但沒想到回到家，媽媽也很關切這件事情，希望我能多通融。

那一刻我好心疼，媽媽勢必因為我這個縣長兒子而承受了很大的壓力，只能請她不要擔心，只要熬過去，相信有一天外界的指責將會化為讚美。

進行新板特區的規劃過程，過程也是冷暖自知。

我對縣府前廣場提出超級浩市達計畫（SUPER HOPSCA），我們希望創造一處工作、享受都方便的區域，有國際飯店、優良商店、有辦公場所、足夠的停車場、公園、便利的交通匯集，整整五十公頃的區域用空橋連接，空橋上也設計了咖啡屋，附近辦公高樓也有咖啡廳、百貨公司、餐廳，將來新板特區會比信義計畫區還棒！因為這塊腹地遠大於信義計畫區。

這個計畫的困難點在於區域內的大樓需要開放一樓到三樓為公共區域，有些建商不願意，其實一開始，這個區域只有一棟大樓。我上任之後與建商座談，問他們為何不開發，他們沒有人願意發言。

但當一切規劃好了，縣府開記者會，幫建商推銷，記得當時我說：「新板特區的地價一坪會超過七十萬。」當場每個人都訕笑，因為當時縣府附近區域一坪才二十三萬，

★周錫瑋執政四年，全力促成新板特區的蓬勃發展。

我念企管，知道一個企業要成功，除了要有願景，還要有相關配套措施，任何大案子都必須整合各局處室提出完整方案，不可能由單一部門完成。當建商看到我們寧可把火車站旁地價高達七十億元的公有土地規劃為萬坪公園，他們看到了縣府的決心，開始對新板特區產生興趣。等新北市正式升格，醜小鴨就變成了人人欽羨的天鵝，這個城市變得很有吸引力。但我，還是在民調敬陪末座的縣長。

政治是很現實的，民調高，勝選有望；民調低，敗選可期，所屬政黨當然會挑肥揀瘦，把資源放在有機會勝選的人身上。尤其台北縣正式升格為新北市的那天，氣氛丕變。升格後的新北市將會是國內、人口、面積都數一數二的地方，未來資源豐富，比中央部會更貼近民眾，從高處看，是一個很好

的舞台，也會成為兵家必爭之地。

我知道，新北市勢必成為戰場，而且是主戰場，但不論黨中央的民調，或我自己進行的民調，選民支持度還是不夠高。

路並未走到盡頭，轉個彎更好

在這段過程中，我常受到很大的壓力，滿心激動的跪在佛堂前，一跪良久。太太一看到我的神情不對，開口問：「還好吧？」我總說：「還好，靜一靜就好。」但知道前途艱險。

一旦進入黨內初選，就是要進入你爭我奪的戰場，大家口出惡言，不管勝負，都會遍體鱗傷。而且在民主制度底下，就算只輸一個百分點，也是滿盤皆輸，我真要進入這場肉搏戰？

在下決定之前，我曾跟太太討論未來。我說，現在應該是我們人生的關鍵點了。如果繼續擔任政治人物，繼續在仕途往上發展，我拚贏了這次選舉，一路拚到高位，她一路當官太太。等我年紀大了，還是要退休，到那時候，我能做什麼？我們還能做什麼？

就算我大受選民歡迎，一路選到八十歲好了，那我們身邊永遠跟著一大群隨扈，等於下半輩子都不自由，太太與我都不樂意如此。

如果退出這次選舉，依照慣例，接受高層安排一個高不成、低不就；上不去、下不來的位子，不具挑戰性，我也不想做。

因為期待人生能夠有更多貢獻，做更大的事，決定退選的同時，我也決定要「裸退」，完全離開公部門，不入府、不入閣，不當大外交官。那段期間外界不停傳我要「入府入閣」，這些宣告也是用行動告訴外界，未來將用我的方式，繼續「利他」。

宣布退選之後，新聞媒體大受刺激，名嘴和專欄作家大肆評論了幾天，我在媒體上的形象忽然從後段班變成了前段班，還有許多反對黨的議員開始說我做的不錯，對我惺惺相惜了起來。縣府與議會的關係進入前所未有的蜜月期，許多議員發言肯定台北縣這幾年的進步。

記者問我的意見，我笑說，這是因為人之將死，其言也善。因為周錫瑋快要離開政壇了，大家當然對我說好聽的話。

沒有選舉因素之後，施政反而更順暢，因為反對的聲音小了，更容易凝聚共識，頗有倒吃甘蔗的滋味。看著一個個專案完成，看著新的河川、新的濕地、新的橋樑、新的商圈一一落成，何其有幸，我可以有這樣的機會，做出這樣的改變。

二〇一〇年二月二十二日這一天，我幫自己關了一扇門，同時開了一扇窗，開始接觸全新的領域。

在縣長任內推動的低碳生活、永續環保理念，引起了世界各地矚目，大家都希望聽我分享實踐的心得，可以把自己的想法傳遞出去，讓更多人知道。對我來說，是很大的挑戰，也是很大的突破，也是當初始料未及的變化。

太太笑說，你是一身傻膽，靠傻膽畫畫、靠傻膽選縣長、現在要靠傻膽推動其他的夢想。

原來，不管是最大尾，還是最小尾，只要能夠專心投入自己的志業，就是第一名。

……第二次機會

我的人生中，很多大事都沒辦法在第一次嘗試就成功。

我小時候身體很差，還硬要打籃球，打得腳踝腫了、手指變形，還是繼續打。

大學聯考落榜，隔年重來。

申請國外學校，我想攻讀加州大學洛杉磯分校或南加大的ＭＢＡ，但申請不到，於是先在南加大讀公共行政。拿到第一個碩士學位之後回台灣，隔了十個月再度申請，終於獲得南加大入學許可。

參選縣議員，連選兩次都落選。努力了第三次，才選上了省議員。

當然，挫折會讓人失意，首度遭遇落榜這種人生重大打擊，真的會讓生命瞬間失色。進入補習班讀了一年，才順利上了大學。此後，遭遇挫折反而不那麼驚恐。

誰的人生沒遭遇挫折？重要的不是路途是否順遂，而是，遇到了挫折，是不是就打

★2008年10月2日，周錫瑋向聖嚴法師請益。

退堂鼓了？

也許是家庭教育使然，從小我家從爸爸到哥哥，都告訴我跌倒是家常便飯，大家都瞧不起受了傷就哭鬧這種懦弱的行為，我也相信跌倒不可怕，哪裡跌倒，哪裡爬起來。困境不可怕，消磨鬥志才危險。面對困境的方法，就是立志，只要有堅定的意志力，遇到一百個挫折都不怕，因為心意堅定，總有一天可以達成目標。

我小時候覺得家裡很窮，資源匱乏，爸爸跟著部隊長期駐紮在外，官階又不高，很多時候都只能靠自己。因為從小感受到不足、感受到有所匱乏，我很小就立志將來一定要事業有成，而且學養豐富。

這樣的想法在高中那年正式成熟，我仔細思考了自己十七、八年的人生，發現要突破、不能靠別人，一切都要靠自己，因為任何挫折、痛苦，都只能自己面對，旁人根本無法減輕發生在我身上的痛楚，必須調整好自己的狀況、時時堅強。

久而久之，當我下定決心做一件事，就會習慣把事情做到最好，把打擊視為無物，因為人生必定會遇上挫折，與其逃避，不如坦然接受，當做「逆增上緣」。

過去我們說，某人是我生命中的貴人，代表他給了我很多幫助，讓我過得更好、更舒適。

但佛教說「逆增上緣」，把挫折當做是境界更高的幫助，因為人在順境裡不會成長，像溫室裡的花朵經不起風吹雨打，只有在逆境中才會茁壯，因此給予我們挫折的人，實際上給我們機會克服逆境，幫助我們變得更好。

所以我感謝一路上的挫敗，包括重考、落選，包括這次必須退出選舉，這些挫折都提醒我，還要更努力。

過去當立委的時候、太順利，太驕傲了，等到縣長任內面臨這麼多考驗，度過這麼多難關，才知要辨好眾人之事，需要智慧與耐力。因此在這幾年內，我的忍耐力與忍辱力都增長不少，謝謝老天爺給我這些機會。

人生很好玩，每個人的故事都不一樣，每個階段的體認也不同。就像無法區分喜歡當小學生、還是大學生；是工作階段好、還是求學時期好；談戀愛好、還是結婚好，每個階段都無法比較，因為都有不同的體認。

每個人都有自己的功課，可以從中體驗到別人沒經歷過的事情，從曲折的過程中看清自己。

誰說面對挫折只能失望？每次的挫折都讓我成為更好的自己，只要心念一轉，一切就會不同。

理直氣要和

小時候的我，害羞、內向、自閉、謙虛、不太愛說話，可是每次開口都希望言之有物，又有哲學家精神。有時候，明明覺得對的事情，做出來卻帶點誤差，就追問不休，想找出問題癥結，加以修正、讓事情更好，這直言無諱的個性，至今不變。

大學時，同學給我兩個綽號：一是「竹竿」，因我又瘦又高；一是「孟子」，因為喜歡講道理、又愛與人辯論。但就像孟子說的「余豈好辯哉？余不得已也！」我覺得真理愈辯愈明，面對不合理的事情，當然要出聲，默不作聲就太鄉愿了。

我不容許似是而非的論點，但待人處世還是要圓融一點，不然也不能當民意代表。

第一次當立委的四年任期內，我就從新手爭取到在立院的委員會中擔任召集委員；後來的任期還加入程序委員會、紀律委員會，很嫻熟於黨派協商，想辦法說服對方同意我所屬黨派的看法，過程中不但沒有得罪人，還交了不少朋友。

但當了縣長，換了跑道之後，事情就不一樣了。立委是達成共識就結束任務，但縣長不只要講明白，還要將政策執行到底。道理說清楚還不夠，還要共同參與，造成改變。而且因為制度設計使然，我這「孟子」，就成了箭靶。

放下我執，用心聆聽

剛當縣長時，好辯性格強烈。我覺得很多事情一定要說清楚講明白，要幫市府團隊釐清真相，不能背負莫須有的罪名，所以到議場備詢像作戰，面對議員質詢還會動怒、會爭辯，心情緊繃不已。

我覺得公務員不能當成槍口砲灰，不能讓議員請上台去砲轟，尤其如果議題根本不合理，那一定要把道理說清楚，理直氣壯，把議場當成辯論賽，每次備詢，都嚴陣以待。

我曾經半開玩笑說，這是現世報，因為我過去也擔任過省議員與立法委員，同樣也想盡辦法質詢台上的官員，現在角色互換，每個會期都要接受議員考試，想辦法回答問題、滿足議員的需求，真苦。

後來發現我的苦，跟想法有關。

過去自認縣長就是一縣之長、我就是整個縣境之內最懂得所有事情的人，因為任何規劃都是我與同仁一再腦力激盪而來，縣境之內我是專家，我懂得最多、最完整，別人絕對無法了解得這麼深入。這可說是自信心，但也可稱為傲慢心，太多的「我」，反而聽不進很多好建議、抗拒正確的資訊，也阻礙了進步。

長久以來，我都活得「理直氣壯」，當覺得自己有道理，態度就硬起來，聲音就大起來，因為我覺得自己有道理，站得住腳，卻沒想到這種態度往往會帶來不理性的爭執。因為我激起了對方的好勝心，他們如果不對抗，面子就掛不住，當理性的論證變成面子之爭，沒有人是贏家。

我始終認為政黨可以競爭，但不需仇恨。仇恨不會帶著大家往更好的路上走。後來，我學會在備詢時打開心胸、放下成見，對方好的建議，誠懇的表達謝意，如果有了不同的見解，試著理解背後的故事。擔任民選的縣長，溝通是很重要的工作，尤其與議會溝通。

從「理直氣壯」，我終於進步到了「理直氣和」。

現在的我能夠好好的跟對方談事情，和和氣氣的互相聆聽，才能夠互相了解。很多時候爭議往往只是因為誤解。只要給彼此機會好好溝通，就會知道，喔！原來我們的想法差距並沒有那麼遙遠。

從刺蝟變成海綿

經過了這些年的磨練，最後一年的施政質詢，對我來說不一樣了。

過去一坐上備詢台，像隻刺蝟一樣，隨時處於備戰狀態。觀察自己的性格，發現骨子裡還是立委，還想爭個是非，還是把議場當成我的舞台，想要在舞台上贏得眾人的讚賞。

但縣長做得愈久，愈能體會議員的感受，開始意識到自己的不足。原來質詢台是議員的舞台，我的責任是聽他們的意見、吸收他們在第一線看到的事情。

縣府接受議員監督、要的就是聽他們提出縣府需要改進得意見，不必期待議員誇獎，也不必逞口舌之快，與議員針鋒相對。這是個很不錯的經歷，逼著我學習開闊自己的心胸。

雖然我是台北縣的縣長、掌管了五年縣政，但有些資深的議員已經擔任過好幾屆、十幾年甚至幾十年的議員，他們對地方情報的掌握，自然有專精的一面，虛心聆聽，發現自己收穫無窮。

有一次，有議員告訴我，某處的橋蓋得不好，經常有機車騎士滑倒。官員一聽就起防備心，說怎麼可能，路鋪得很好啊。

但實際上真的很多機車騎士滑倒，因為橋上鋪的是磁磚，一下雨就會打滑。

很多資訊從基層往中央報的時候，也會太過籠統，像通報一條路前半部分整修好了，沒說實際上還有後半段待修，但遇到民眾抱怨修路修太久，我會傾向相信路早就修好了，懷疑是對方搞錯了，後來才知道有這些後續狀況，主管機關才知道原來細節還做得不夠好。

因為人容易相信眼見為憑，明明我看到的是這樣，別人卻說不是這樣，就會引起爭端，如果能夠放下自己的成見，聽聽別人的說法，實地看看為何人家這麼說，原來雙方都有理由，決策就不會失之草率。

所以後來我接受質詢的心情有了一百八十度的轉變，是來進修、是來受教、是來增廣見聞的，當議員感受到了我的轉變，他們也開始釋出善意，會在質詢之前說：「縣長，待會你就忍耐一下。」

退出新北市市長選戰之後，反對黨的議員在立場上不必反對我了，開始稱讚台北縣的縣政其實做得不錯，我開始覺得，總算還給辛苦的台北縣同仁公正的評價，不競選連任反而讓大家有機會公正的看看這些年來台北縣的轉變，是好事！

從理直氣壯走到理直氣和，心念一轉，看到的世界也大不相同。

★從我慢到謙虛，周錫瑋明白理直氣要和，更能用心聆聽，達到良好的溝通。

後手學

站在縣府大樓十八樓往下看，風景很美，天氣好的時候看得到落日、晚霞，各式各樣的顏色，有些，我放在畫布上了。

而看得最清晰的，是台北縣升格為新北市的蓬勃生氣。

回顧政治生涯，我從一九九四年擔任省議員以來，近十七年的公職生涯中，政治的光榮，我分享了；政治的殘酷，我體認了；政治的現實，我也品嘗了。當然，政治的權力，我也戒慎恐懼的使用了。

想想擔任省議員似乎是不久前的事。現在的我，已經準備好要接受另一個領域的挑戰。

政治舞台上，過去很多人教我該怎麼上台，但沒人教過該怎麼下台。

要揮一揮衣袖嗎？要不帶走一片雲彩嗎？還是千山我獨行，不必相送？

為別人留一盞燈

想著自己該怎麼離開的時候，也讓我想起了當年上台的心情。

當我開始擔任縣長，驚訝於許多該做的事情都沒做，顯然前面的人交棒時，並沒有想到後面的人。不只是台北縣如此，全國其他地區也都如此，應該完成的基礎設施做不好，只做表面工夫。一旦接棒的人打開華麗的外表一看，哇！裡面怎麼都是空的？殘破而凋敝。

這種狀況其來有自，台灣的選舉是要在短時間以高分貝獲取選民的注意，在藍綠鬥爭中，搶下自己的一席之地。結果很自然的是「台上瘋狂，台下起乩」。

在很情緒化的選舉氣氛下當選，上任之後第一件事情還是做民調，針對選民想要的項目討好選民、討好媒體，所以第一年推出的政策多半都很響亮，老人年金增加、各種津貼增加，因為民眾喜歡。

政治上的短視，造成整體環境急功近利。希望今天播種，明天就能收成。沒有人想做需要花太多時間籌備、醞釀的事情，結果就是重要的基本工作沒人做，必須花時間、花預算執行的苦活，往往沒有進度。

如果家裡有個馬蜂窩，一定第一時間就請消防隊來摘除，不可能假裝沒看到，等以後再說。

★2009年5月26日，周錫瑋從立法院長王金平手中，接過「國土建設特別貢獻獎」。

可是公眾事務就不同了，不管再大的馬蜂窩，主管機關能拖就拖，因為很怕萬一處理得不好，引起外界怪罪，多一事不如少一事，苦工少做點，自己也樂得清閒。

難怪幾十年下來，地方政府幾乎沒什麼改變。誰會想到後面的人需要什麼？政治人物唯一關心的是自己，目標是確保自己能夠連任。

等任期屆滿不能再選了，也不會想要照顧後進、幫後面的人留盞燈。這時思考邏輯變成「該怎麼確保繼任者的成就不會超越我」，因為政治人物很希望自己是最棒的那個，當然就希望讓繼承者「不是那麼好」。離職前往往關掉所有的燈，想讓繼任者盲人摸象、慢慢摸索，搞不清楚狀況的時間愈久，越能凸顯自己能力比後人強。

光想著自己，不替後面的人著想，整體環境不會進步。所以我很想要做不同的示範，我想幫後面的人點燈，照亮他們的路。

★台北縣升格底定，縣府舉辦慶祝活動。

利他就是利己

在國外，「後手學」是日常生活的道理，凡事都應該幫後人想一想。在國外進出各種大樓，一樓的門都需要用力推開或拉開，但如果前一個人發現後面有人要跟著進來，都會停留幾秒，確認後面的人能撐住厚重的大門，前面的那隻手才會放開。

乍看之下，這習慣好像只造福了後面的人，利人不利己，實際上大家都這麼做的時候，每個人都會替後人著想，所有人都享受到便利。這種習慣在美國非常普遍，歐洲也是，儘管歐美國的步調也很急促，還是會習慣性看看後面是否有人，一定會等候，交換個微笑，說聲謝謝。讓彼此心情都很好。

在日本使用洗手間的禮儀也是如此，使用完畢一定會確定便器清潔，不能造成後面使用者的困擾，上一位使用者交給我乾淨的如廁空間，我也要讓下一個人有乾淨的廁所可用，因此日本的洗手間普遍都很乾淨。這是利他，也是利己。

當人人都為下一個人考量，其實也是幫自己考量。

台灣的悲哀就在於政治上沒有後手學，沒有人替後面的接手者著想，如果沒有人力、沒有預算，基礎不可能打好。

如果做事情只想著在自己任期之內要開花結果，不願意投資在長期發展規劃，環境怎麼可能會變好！

我一到台北縣，就知道台北縣所有問題的關鍵，就在於遲遲沒有升格成直轄市，以至於讓這麼大的縣、這麼多人口，卻只有一點點預算，讓大家都過著吃不飽、餓不死的日子。

如果我不爭取台北縣升格直轄市，縣政發展不可能有基礎。只有讓人力補足了，預算補足了，才能提升基本的生活品質。

現在就把基礎建設打好，把河川整治好、把環境變清潔，有了好的開始，就有希望改變。這就是「後手學」的具體實踐。

很多朋友對我宣布不競選連任感到難過，我跟他們說，如果以後民意代表或縣市長，甚至總統，都只做一任，其實是好事，不必想著該怎麼施政才能讓自己連任，反而能務實的做事，不必為了競選連任而做很多表面功夫。

在宣布不參選的那一天，我告訴縣府同仁，就縣長的角色來說，現在的我很務實的解決問題，打下基礎，爭取到預算，讓台北縣順利升格，像嫁女兒一樣，珍而重之的把新北市交給後面的繼任者，其實心裡是開心的。

而且，不參選反而給我很自在的空間，可以持續推動尚未完成的事務，這樣的時刻彌足珍貴，輿論不必急著下結論，可以實事求是，以結果論高低。

這幾年，新北市的市容產生非常大的變化，有清澈的溪流、有乾淨的街道、有蓬勃發展的新板特區，吃喝玩樂都不需要跑到台北市。有平等的英文教育，減輕了弱勢家庭的負擔。有趣味的低碳旅遊，讓地球更美好。

這些成果不會隨著我卸任，跟著消失或毀棄，還會繼續留下來，伴隨新北市市民。

副總統蕭萬長說，他一輩子看過太多政治人物，要離開之前，通常都把燈關了。但周錫瑋不一樣，他把燈打開了，照亮了後面的路。

我覺得副總統講的非常好，也很精準。台灣的政治人物應該反省一下，到底自己一輩子做的是開燈的人？還是關燈的人？

到底，希望繼任做得比自己好？還是比自己爛？

除了鬥爭，政治人物還能做什麼？

很感恩我能有機會實踐「後手學」，不論是誰來接新北市，都會是個很順利、很舒服的開端，很高興能在台灣政壇做出這樣的示範。

做一任，也不壞

宣布不參選之後，我跟同仁說，總算到了可以還你們應得掌聲的時候。成語「愛屋及烏」，但我的例子是「恨屋及烏」，因為身為市長的我不受某些人喜愛，連帶犧牲了團隊，也連累了他們費盡心血的成果不被青睞，不論做得多好，都被刻意忽視。

我覺得任何評論本來就應該就事論事，看成果來評施政，但顯然過去並沒有這個空間，所以縣府員工是「做到流汗、嫌到流涎」。

如果因為我一個人，讓整體團隊沒法得到應有的肯定，在此關鍵時刻宣布不參選，讓原本討厭我的人，覺得我沒那麼討人厭，進而客觀的察覺到台北縣這五年的脫胎換骨，給予縣府同仁應得的肯定，給他們遲來的掌聲。這對這群辛苦了好久的同仁來說，我的離開總算有點貢獻。

卸任前，我請各局處室提出白皮書，說出在自己主管範圍內十年後的目標。不只看眼前，還要幫未來打基礎。

當施政能與政黨分開，不是想著「永續執政」，而是想著如何永續經營這塊土地，才是地方之福。但台灣的政治環境惡化，不是藍就是綠，讓未來很難規劃。

★親手栽下花苗、整理人工濕地，周錫瑋希望能打造潔淨美麗的生活環境。

治理淡水河，不是按個按鈕就能完成的工作，要花好幾年才能看到成效。對於想要連任的首長來說，這種工作無法加分，因為選民短時間內看不到績效，沒有績效就沒有選票，所以不值得投資，寧可做其他三個月就能完成的工程。

我覺得台灣的政治悲哀就在這裡，執政者想著該怎麼在最短的時間下最猛的藥，而不是仔細規劃長期的發展。哪種選擇才「划算」？每個人都有不同的看法。而不同的理念就會做出不同的選擇，民眾只要有耐心，站在時間的長河裡，很容易可以看穿政治人物真實的想法。

像「五都」議題，我很想勸勸兩黨，為何一定要「五都」？民主不是本來就應該有很多政黨，很多種意見，透過選舉各抒己見？為何一定要綁在一起，營造一種「一定要全投給我，不然國家就會滅亡」的氣氛，五都全上了又如何？上三都又怎樣？難道台灣就不是原本那個美麗的台灣嗎？但身在政壇，誰敢說真話？

決定退出競選之後，議員質詢時，問我的心情如何，我說：「有機會在台北縣服務五年，真的很感恩。」

人生中很多事情不必抱怨，路是自己選的，該來的就會來，該遇到的就要受，不要逃避、也無從逃避。每件事情的發生，我們無法控制，但如何回應，就與智慧、能力、毅力、修養有關，願意坦然面對，接受磨練，就會擁有比較好的能力。

失敗對我來說是一時的，成功也是。成功是什麼？看透了之後，其實也就是一件又一件事情的累積。像縣長任期，做一任、其實也不壞，起碼不必為了討好選民而施政，可以實事求是。況且，當經理、省議員、立委，或是縣長，對我來說都一樣，都是一份需要投注心力的工作。

而人生，像我太太說的，就是一連串的挑戰，有時候成功，有時候挫敗，不論成功或失敗，都不能因此停止接受挑戰。

不論勝敗，都像佛法說的，如夢幻泡影，好的事情，十年之後回頭看，只留下淡淡的印象，壞的事情也是如此，不管是快樂得要命或是痛苦得要死，最後都會過去。

正因為所有事情都會過去，更要做「該做的事情」，而且很妙的是，若只為了追求自己的快樂，往往不會太開心。但如果是為了利他而奮鬥，反而很容易快樂。

我發現，人生的成功不在於完成事情，而是搞清楚「自己到底想要做什麼」？

我曾經問自己，到底想要什麼？發現跟小時候的想法差不多，希望能夠有很乾淨的空氣、潔淨的水，鳥語花香、蟲鳴鳥叫，最好有條可以釣魚的大河、漂亮的建築物，讓生活在其中的人體會到大自然的美好，以及生活的美感。

很慶幸，得到擔任縣長的機會，讓我實踐自己多年的想法，做出鳥飛魚游、乾淨漂亮的城市。在縣長的五年內，冒了些險、想做的事情都做到了，而且做得很開心。

所以，有機會為大家服務，真的很好！只做一任縣長，一點也不壞。

做讓自己感動的事

從小到大、經歷了這麼多的事情，我是早產兒、籃球選手、落榜生、留學生、縣議員落選、省議員當選、第一高票當選立委，這些過程好快，昨天不是才七歲嗎？怎麼一轉眼五十多年就過去了。

孔子說：「三十而立，四十而不惑，五十而知天命，六十而耳順。」這話說的很有道理，我現在五十出頭，應該知道老天想要自己做什麼了。難道還要選立委？還要選縣長嗎？為何要做立委？為何要當縣長？是光宗耀祖？是要對爸爸有交代嗎？

在政治上能有機會停下，真的很好，我可以觀察自己的起心動念，看清自己的意圖。唯有知道怎麼退，才知道怎麼進，有失才有得，不失，怎麼會想到自己什麼地方做錯，又怎麼會有所得。所以，政治路上的退，其實是我人生路上的進。

我常與學校老師舉行座談會，問他們為何要當老師。有位老師的答案感動了我，他說：「我想當老師，是因為想做感動自己的事情。」

★人生就像畫畫，所有的經歷都是過程，重要的是能感動自己。

這樣的經驗相信你我都有，生命中有個重要的人，他的一句話感動了我們，影響了我們一輩子，一念一善，此後我們的人生就不同了。

像北縣府的秘書長洪孟啟教授高中時闖了禍，從師大附中轉學到泰北高中，他很氣餒、想自我放棄，後來泰北高中有位老師發現了他的潛力、公開頒獎給他，大大激勵了他，讓他重新找到信心，一路唸到博士。

我想當縣長，理念很單純，想讓河流變乾淨、城市變漂亮，讓大家喜歡在台北縣生活。未來，我還想讓更多河流變乾淨、更多城市變漂亮，讓大家都喜歡自己居住的地方，這將是日後努力的目標。

這幾年看著台灣的政治環境，令人很不滿意。政治名嘴往往不知全貌就開口評論，讓社會充斥著不成熟的言論。星雲大師說，佛教五戒中的「不妄語」，就是不可透過破壞別人的聲譽來增長自己的聲譽，當別人正在做一件好事，不可以用言語予以打擊。

但現在的社會風氣恰恰相反，大家習慣打擊正在做事情的人。這感覺就像是原本一塊乾淨的地方，有人丟了一張廢紙；第二個人來，就丟了菸蒂，然後垃圾愈來愈多，成了垃圾堆，大家都掩鼻而過。

但我想做的是把垃圾處理掉，讓這裡變成美麗的小池塘，變成漂亮的廣場，我願意盡自己的力量，拾起垃圾、切斷這個惡性循環，幫後人留片淨土。

決定退選之後，我感受到了前所未有的自由，以及放空，學到謙虛、耐心、理解旁人話語中的道理，有所學習。

「心念」會影響到做事情與看事情的態度，決定不選之後，心境轉變非常大，我感到自己幾乎變成了另外一個人。像一同競爭新北市市長提名的朱立倫後來尋求我的支持，我舉起他的手，給予他祝福，請大家支持他。

那一刻，我心裡覺得好輕鬆，因為脫口而出的是讚美、是對他的肯定，佛教說成全別人，就是慈悲與智慧。我做著智慧的事情，非常開心。

如果沒有退出這場選舉，我不可能做出這樣的舉動，我的心會有個結，會覺得委屈。但自己主動放下了，就能夠發自內心欣賞別人、肯定別人，能夠誠摯的給予祝福。

台灣的社會很不習慣讚美人，說別人的好話。就算明知旁人做得很好，也要假裝看不見，用「喔？我不知道他做了這些事。」就是不肯稱讚別人。

其實大方的說出好話，讚美旁人，不僅不會貶低自己，還能感受到心情坦蕩的喜悅，因為不需要克制，或是勉強自己了。

在這段路上，過去的羞辱、謾罵，曾經在我心中造成很大的負擔。而今，這些鬱悶都煙消雲散，身心變得輕鬆，反而看清了自己，也釐清了自己最想做的事到底是什麼。

我覺得人生就像畫畫，所有的經歷都是過程，最後要交出什麼樣的作品，是自己的責任。

接下來，我要盡情做讓自己感動的事情了。

採訪後記

一個有意思的中年男子

王蓉

記得第一次與周錫瑋縣長的幕僚談這本書的概念以及未來可能呈現的模樣，這位身經百戰的資深幕僚人員問：「妳覺得縣長哪裡最可愛？」

我過去的採訪對象多半是又俊又美、笑容會電人或講話非常好笑的藝人朋友，印象中的周縣長……，不假思索回答：「可愛？他有嗎？」

此話一出，眾人楞住，我也覺得太過誠實，趕緊哈哈一笑、草草帶過。

那次會談中，真正觸動我的不是周縣長的人有多好（外界最常說他是個「好人」），而是他做的事情，或者應該說，他所做的一大堆辛苦事情中的一件小事感動了我。

他，居然要縣府上下四千位員工停止在縣府大樓內使用免洗餐具。

這事一聽就知道很麻煩，員工會反彈，配套措施不足就鐵定失敗。結果，大家真的停止使用紙杯、免洗碗筷、塑膠湯匙，連縣府裡的便利商店都跟著配合，成為全國唯一改用馬克杯裝外賣咖啡的「名店」。

雖是件在政治光譜中微不足道的小事，卻讓我印象異常深刻。一個人的意志只要能貫徹到底，真能推動一個個不可能的夢。

採訪時，周縣長多半穿馬球衫搭配牛仔褲現身，這是他很自豪的節能減碳裝，戲稱「牛仔褲政府」。除了談生活、談想法，每次他還會開些名單要我跟這些人聊聊，開些地點，要我親自去看看。縣長覺得光在縣府十八樓會客室就著美麗夕陽談理念，太虛幻，該去親身體會，才有感覺。

雖然我一直住在台北縣，直到著手撰寫這本書，才發現自己未曾真正了解家鄉。按圖索驥，我看到整治後的淡水河邊有一群人正在玩獨木舟，忍不住問他們「這水……，不癢嗎？」看到金瓜寮溪裡面滿滿的銀白色大魚，忍不住問坪林鄉長：「其他地方，也能看到這麼多魚嗎？」在礫間公園更是震撼，看到鷺鷥與釣客一起等魚上鉤，而這裡曾經臭不可聞、光靠近就讓人作嘔。

遺憾的是，太少人願意親眼見證這些改變。

後來我與朋友們聊到周縣長，幾乎每個人都記得「上山打老虎、下水抓泥鰍」，當場不知該怎麼接話，是該分享他收到子彈威脅，還是堅持拆砂石場，讓淡水河變得清澈？還是該說他做了包括我家在內的污水下水道，結果卻被選民罵死了！好像無論怎麼說，都有公關之嫌。

因此我只說：「可以到淡水河邊走走，那邊變得很不一樣了。」

這一刻我懂了，周縣長要我東奔西跑、到處看看，因為光靠媒體、光靠聽說，沒有感覺，要真站在那個地方，吹吹風，勝過萬語千言。

這個總是遭人譏笑、惡評的周縣長，真的做了很多表面不華麗、普通人看不懂的苦工，但媒體愛報導民眾直覺反應的「滿意度」，我認為「滿意度」應該改成「喜愛度」，較能貼近現實。至於施政表現到底好不好，應比照金馬獎、金鐘獎，另請專業評審，水利專家評水利、環保專家評環保，不然，往後真沒人願意腳踏實地的做不討人喜歡卻非做不可的事了。

書完成之後，現在的我可以說出縣長挺可愛的地方，當他談到畫畫，就像進入遊樂園；談到小孩，眉開眼笑，自己就像個孩子。脫下政治外衣，他其實是個挺有意思的中年男子。

很多縣府員工心疼他即將卸任、捨不得他離開政壇，我倒覺得這是最好的路，塞翁失馬，焉知非福，離開政治圈的周錫瑋，未來的發展，一定更有意思。

國家圖書館出版品預行編目資料

後退,原來是向前：周錫瑋的人生後手學／周錫瑋口述；王蓉採訪整理. --
第一版. -- 臺北市：天下遠見, 2010.12
面；　公分. -- (社會人文；305)
ISBN 978-986-216-628-4（平裝）

1.周錫瑋　2.臺灣傳記

783.3886　　99020033

社會人文｜GB305

後退，原來是向前｜周錫瑋的人生後手學

口述／周錫瑋
採訪整理／王蓉
系列主編／吳佩穎
責任編輯／潘慧嫻
封面設計・美術設計／吳靜慈（特約）
照片提供／周錫瑋、台北縣政府

出版者／天下遠見出版股份有限公司
創辦人／高希均・王力行
遠見・天下文化・事業群　董事長／高希均
事業群發行人／CEO／王力行
出版事業部總編輯／許耀雲
版權部經理／張紫蘭
法律顧問／理律法律事務所陳長文律師　　著作權顧問／魏啟翔律師
社址／台北市104松江路93巷1號2樓
讀者服務專線／（02）2662-0012　　傳真／（02）2662-0007　2662-0009
電子信箱／cwpc@cwgv.com.tw
直接郵撥帳號／1326703-6號　天下遠見出版股份有限公司

製　版／中原造像股份有限公司
印刷廠／盈昌印刷有限公司
裝訂廠／政春實業有限公司
登記證／局版台業字第2517號
總經銷／大和書報圖書股份有限公司　　電話/（02）8990-2588
出版日期／2010年12月10日第一版第1次印行

特價／299元
ISBN：978-986-216-628-4
書號：GB305

天下文化書坊 http://www.bookzone.com.tw